BIBLIOTHÈQUE MORALE

DE

LA JEUNESSE

3e SÉRIE GRAND IN-8° RAISIN

ALGER. — La Casbah.

(Algérie.)

L'ALGÉRIE

PAR

C. FALLET

ROUEN
MÉGARD ET Cie, LIBRAIRES-ÉDITEURS
1882

L'ALGÉRIE.

I.

Aspect, Climat et Productions de l'Algérie.

L'Algérie fait partie de ce qu'on appelait autrefois les Etats barbaresques; elle comprend toute l'ancienne régence d'Alger, et s'étend de l'ouest à l'est sur la côte septentrionale de l'Afrique. Elle est bornée au nord par la Méditerranée, qui, depuis la conquête de ce pays, n'est plus, dit-on, qu'un lac français; à l'ouest par l'empire du Maroc, à l'est par les Etats de Tunis, et au sud par le grand désert de Sahara. Son étendue est égale à celle des quatre cinquièmes de la France, c'est-à-dire à trois cent quatre-vingt-dix mille kilomètres carrés environ.

Ce territoire formait autrefois trois provinces romaines : la Numidie, la Mauritanie Sitifienne et la Mauritanie Césarienne, lesquelles avaient pour chefs-lieux Cirta, Sitifi et Césarée, nommés aujourd'hui Constantine, Sétif et Cherchell.

Sous la domination turque, l'Algérie était divisée en quatre provinces, qui portaient les noms de leurs capitales: Alger, Oran, Constantine et Titterie.

Depuis la conquête que les Français en ont faite, ce pays est partagé en trois provinces: celle d'Oran, qui touche à l'empire du Maroc; celle de Constantine, qui est bornée par les Etats de Tunis, et celle d'Alger, située entre les deux premières. Chacune de ces provinces se divise en deux parties, l'une exclusivement soumise à l'autorité militaire; l'autre à l'autorité civile, sous le nom de département.

Le département d'Alger a pour chef-lieu Alger, siége du gouvernement général de l'Algérie, et pour sous-préfecture Blidah. Celui d'Oran a pour chef-lieu Oran, et pour sous-préfecture Mostaganem. Enfin celui de Constantine a pour chef-lieu Constantine et pour sous-préfectures Bone et Philippeville.

La chaîne de l'Atlas sillonne l'Algérie de l'ouest à l'est. L'Atlas est un groupe de plusieurs chaînes de montagnes presque parallèles. Le grand Atlas borde l'empire du Maroc et sépare l'Algérie du désert; l'Atlas moyen s'étend du golfe de Tunis au détroit de Gibraltar, et le petit Atlas commence à Tanger pour finir au golfe de Sidre, en longeant la Méditerranée. Ces trois chaînes principales sont le point de départ d'un grand nombre de ramifications qui partagent l'Algérie en une foule de vallées, les unes admirablement fertiles et d'un aspect délicieux, les autres nues, arides et sauvages.

Les plus hautes cimes de l'Atlas, éternellement couvertes de neige, sont voisines du Maroc; à mesure qu'on s'avance vers l'est, ces sommets s'abaissent, et près d'Alger, ils ne vont guère au delà de trois mille mètres au-dessus du niveau de la mer.

Les défilés étroits et escarpés formés par les chaînons de l'Atlas, du côté de la Méditerranée, avaient reçu des Turcs le nom de Portes-de-Fer. Plusieurs de ces passages ont été franchis avec gloire par l'armée française.

Ces montagnes divisent le pays en deux versants; celui du nord, qui s'incline vers la mer, se nomme le Tell: c'est la partie la plus fertile; l'autre, qui confine au grand désert, est appelé Sahara algérien et ne produit guère que des palmiers.

La plaine de Constantine et celle de Bone, connue sous le nom de Boudjimah, sont remarquables par leur fécondité, et l'immense plaine de la Mitidja, à l'assainissement de laquelle on a travaillé sans relâche, est devenue le jardin de l'Algérie.

La température de cette importante colonie est à peu près la même que celle de l'Italie. Le froid et la chaleur n'y sont que rarement excessifs, et le passage d'une saison à l'autre y est presque insensible. L'air y est salubre et le temps ordinairement beau. L'hiver n'y consiste guère qu'en pluies, tombant par ondées considérables; mais la température de cette saison est à peu près celle de notre printemps. Elle dure pendant les mois de novembre, de décembre et de janvier; toutefois les pluies se renouvellent de loin en loin jusqu'au mois de mai. Les nuits les plus froides de décembre et de janvier donnent quelquefois des gelées blanches. La glace et la neige ne se voient guère que dans les montagnes.

Les pluies sont produites par des vapeurs que le vent du nord enlève à la Méditerranée et pousse vers le sud, où elles sont arrêtées par la chaîne de l'Atlas. Ces pluies répandent la fécondité sur les terres de l'Algérie, elles y raniment en un instant la végétation. Excepté pendant l'hiver, elles ne durent guère plus de deux heures. Pendant l'été, la chaleur est combattue par de fraîches nuits et par des rosées si abondantes, qu'elle trempent la terre comme une véritable pluie.

Le thermomètre ne s'élève que rarement au-dessus de vingt-cinq degrés pendant les quatre mois que dure l'été; mais quand le vent du désert vient à souffler, la chaleur est étouffante. Ce vent, que les Arabes appellent simoun, est redouté comme un terrible fléau. Dès que le brouillard qui l'annonce se montre au sommet du petit Atlas, les populations frémissent et se hâtent de chercher un abri pour elles et pour leurs bestiaux; car l'atmosphère s'enflamme de telle sorte, que si le simoun durait plus de quelques heures, il faudrait que tout pérît. Par bonheur il souffle rarement. Le vent du nord-est et celui du nord-ouest, moins redoutables que le simoun, amènent cependant des tempêtes, surtout au printemps et en automne.

La végétation de l'Algérie est admirable; la nature semble ne pouvoir s'y lasser de produire. Au mois de janvier, quand les campagnes de la France sommeillent sous leur linceul de neige, les arbres de l'Algérie se couvrent de verdure ; les pommiers, les amandiers, les citronniers, les orangers sont en fleur; puis viennent l'abricotier et le cerisier, et enfin le figuier, le grenadier et le myrte. La vigne fleurit en mai, quelques semaines seulement plus tôt que dans nos climats; mais les grappes y grossissent beaucoup plus vite et ne tardent point à y mûrir.

Au mois de février et quelquefois plus tôt, le potager donne ses primeurs, qui s'expédient en France : les petits pois, les haricots verts, les asperges, les fraises, produits auxquels il ne manque pour être trouvés excellents que d'arriver sur nos tables dans un plus court délai.

De fraîches bordures d'anémones, de tulipes, de renoncules, s'épanouissent le long des ruisseaux. Les iris, les ornithogales, les asphodèles, le lupin jaune, l'églantine, le cactus, la grenade, le laurier-rose, remplacent ces premières fleurs et croissent comme elles sans culture partout où se trouve un filet d'eau ou un peu d'ombre.

La canne à sucre, le cotonnier, le lin, la garance, le henné et presque tous les légumes que nous cultivons avec grand soin, poussent naturellement au pied des broussailles ou sur le bord des ruisseaux, et y atteignent des dimensions gigantesques. On y a vu des choux-fleurs avoir plus de trois mètres de circonférence.

Les herbes sauvages, les luzernes, les sainfoins sont assez hauts pour qu'on n'aperçoive que la tête du cavalier qui les traverse, et la qualité en est très-bonne. Les broussailles formées de lentisques, de genêts épineux, de palmiers nains, s'élèvent fréquemment à une hauteur de trois mètres, et le cactus les dépasse de beaucoup. Les ceps de vigne sont d'une grosseur prodigieuse et portent des grappes qui rappellent celles de la terre promise.

L'Algérie réunit les productions de la zone torride et celles des régions les plus tempérées; aussi n'y a-t-il presque aucun des végétaux nécessaires à l'existence de l'homme ou recherchés par le commerce et l'industrie qui ne s'y trouve ou n'y puisse être transplanté avec le plus grand succès.

L'olivier, l'amandier, le mûrier rouge, le câprier, le bananier, le palmier, le dattier, le caroubier, le grenadier, le figuier blanc, le figuier noir, l'oranger doux, l'oranger amer, le citronnier, le cédrat, s'y montrent près du pommier, du cerisier, du prunier, de l'abricotier, du noyer, en un mot, de tous les arbres fruitiers du centre de la France.

Les Arabes ont laissé dégénérer quelques-uns de ces arbres; mais les autres y jouissent d'une vigueur et d'une fécondité remarquables. Les oranges d'Alger le disputent à celles de Malte et du Portugal pour le goût, la grosseur et le parfum; l'Atlas fournit des figues comparables à celles du midi de la France; Bone produit une immense quantité de jujubes; les amandes, les pistaches, les citrons, les grenades, les raisins de l'Algérie sont excellents et donnent lieu à un commerce considérable.

Les dattes n'y sont pas de première qualité; le dattier, d'ailleurs, y est moins commun que les autres arbres fruitiers. On le trouve le plus souvent dans les cimetières, où, à défaut d'autres palmiers, il remplace notre saule pleureur. Le cœur du dattier, fort tendre et d'une saveur exquise, est recherché pour les usages de la table, et ses fruits trempés dans du lait entrent pour beaucoup dans l'alimentation des Arabes.

Le grenadier inculte est très-commun dans les environs d'Alger et produit des fruits magnifiques, en si grande quantité, qu'on les donne presque pour rien. Le myrte donne des baies noires, que les indigènes mangent avec plaisir, quoiqu'elles conservent toujours une certaine amertume. L'arbousier porte un fruit de la couleur et de la forme de la fraise, mais beaucoup plus gros et très-agréable au goût.

Le ricin, dont on n'employait autrefois l'huile qu'en pharmacie, fournit par année deux récoltes, dont on utilise le produit dans les savonneries. La garance et le henné sont deux plantes tinctoriales fort recherchées. La garance donne un rouge vif et le henné un rouge brun, d'une forte et belle nuance. C'est avec la feuille du henné, réduite en poudre, que les femmes arabes se teignent le dessous des pieds, les ongles et le dedans des mains. L'indigo mûrit aussi très-bien en Algérie et peut y donner annuellement deux et même trois récoltes.

Le tabac y croît rapidement et s'y fait remarquer par la végétation la plus vigoureuse. Le lin, cultivé au pied de l'Atlas, est aussi l'une des plantes les plus productives de l'Algérie.

Les jardins potagers fournissent en abondance les melons, les pastèques, les oignons, les poireaux, les choux, les tomates et tous les légumes d'Europe, qui y donnent jusqu'à huit récoltes par année.

L'orge, le maïs, le riz, le millet, le sorgho occupent de vastes terrains; le blé y a conservé l'abondance et la qualité qui, au temps des Césars, faisaient de l'Afrique le grenier de Rome. Il est donc permis d'espérer que, dans un avenir très-prochain, les ressources que la France tirera de cette belle colonie pourvoiront, pendant les mauvaises années, à l'insuffisance des récoltes. Les blés durs de ces provinces nourrissaient onze millions de Romains; que ne produiront-elles pas quand elles seront mises en valeur par des agriculteurs laborieux et habiles?

Les pommes de terre réussissent généralement moins bien que les céréales et les arbres fruitiers, la terre étant presque partout trop forte pour ce tubercule, qui se plaît dans le sable. Cependant, si les pommes de terre sont petites, on en fait deux récoltes, l'une en juin, l'autre en décembre.

Les graines oléagineuses ne manquent pas non plus à l'Algérie. Outre le lin, dont nous avons déjà parlé, elle produit du chanvre, du sésame, du colza et des arachides.

Les côtes sont couvertes de bois magnifiques, dont on évalue la superficie à huit cent mille hectares. Les essences qui dominent dans ces forêts sont le chêne liége, le chêne vert, le chêne zéen, le cèdre, le tamarin, le micocoulier, l'azédarac, le pin, le robinier, le noyer noir, le févier, le lentisque, l'olivier, le plaqueminier, l'orme, le frêne, le thuya, le cyprès et le térébinthe. Parmi ces bois, plusieurs peuvent être employés avec succès dans les constructions maritimes, les autres dans la menuiserie et l'ébénisterie.

Les arbustes odoriférants ne sont pas moins nombreux que les arbres : le myrte, le laurier, le jasmin, l'épine-vinette, le garo, la lavande, le rosier, croissent spontanément dans la campagne et répandent partout leurs suaves parfums. Les cactus et les agaves forment autour des habitations, des champs et des jardins, des haies fortes et splendides. La feuille des agaves sert à faire une espèce de papyrus et un fil dont on forme divers tissus et d'excellents cordages. Le cactus donne un fruit qui ressemble assez à la figue, du moins pour la figure; les Arabes s'en nourrissent pendant la moitié de l'année; et quand les récoltes n'ont pas été bonnes, ils mangent les tiges du cactus, après les avoir dépouillées de leurs épines et les avoir hachées.

L'Algérie possède aussi des richesses minérales. On y a trouvé des mines de cuivre, de fer, de plomb et d'antimoine, du grès, du marbre, de l'ardoise, de l'albâtre, de l'ocre jaune, de la terre de pipe, et des carrières de pierres de taille.

Un grand nombre de rivières sillonnent le versant des montagnes; mais aucun de ces cours d'eau n'est assez considérable pour servir régulièrement à la navigation; gonflés par les pluies de l'hiver, ils fournissent à peine en été de quoi suffire à l'arrosement des campagnes.

Les plus importants de ces fleuves sont: l'Oued-el-Kébir et l'Oued-Seybous, qui se jettent dans le golfe de Bone; l'Oued-el-Kerke et l'Oued-Safsé, qui se rendent au golfe de Stora; le grand Oued-el-Kébir, qui, après avoir reçu plusieurs rivières, se jette dans la mer, près de Bougie; l'Oued-Khamiz, qui a son embouchure près d'Alger; l'Oued-Macta, l'Oued-Tafna, et enfin l'Oued-Chélif, le plus considérable des fleuves de l'Algérie, qui se perd à peu de distance de Mostaganem, après un cours de cinq cents kilomètres. Presque tous ces fleuves changent plusieurs fois de nom dans leur parcours.

On rencontre sur le territoire algérien un certain nombre de lacs ou de marais, dont l'eau est salée ou saumâtre. Ils se dessèchent pendant l'été, et se remplissent quand viennent les pluies. Un de ces lacs, connus sous le nom de Chotts, est voisin de Constantine. Près d'Oran se trouve la Sebkha, énorme masse d'eau qu'en hiver on prendrait pour un bras de mer et qui vers le mois de juillet est presque à sec.

Les sources salines sont nombreuses en Algérie; les sources thermales n'y manquent pas non plus. Beaucoup ne sont que tièdes; mais celles du Hamman-Meskoutyn, du Hamman-Mérigah et du Hamman-Berda, sont d'une température très-élevée. Plusieurs de ces eaux ont été analysées et reconnues égales en vertus médicinales aux eaux les plus renommées de l'Europe. Les Romains connaissaient quelques-unes de ces sources thermales et les tenaient en haute estime. Les indigènes en font remonter l'usage à Salomon, qui, disent-ils, avait ordonné aux génies de la terre, placés sous ses ordres, de chauffer et de faire jaillir dans les sites les plus agréables les eaux nécessaires à la guérison des maladies de l'homme.

Enfin, presque sur toute l'étendue de l'Algérie, il suffit de creuser à quatre ou cinq mètres de profondeur pour obtenir de l'eau douce, ressource très-précieuse pour l'agriculture en un pays où la terre est si féconde, que partout où se rencontre un peu d'humidité, la végétation se développe avec une vigueur luxuriante.

Après avoir jeté un coup d'œil sur les richesses végétales et minérales de l'Algérie, parlons un peu du règne animal. Le cheval, le chameau, l'âne, le bœuf et le mouton sont les animaux les plus utiles à l'homme.

Les chevaux numides jouissaient autrefois d'une grande renommée; et les chevaux algériens n'ont rien perdu de ce qui distinguait leurs devanciers. Les Arabes en sont si fiers, qu'ils disent que ce présent magnifique vient de la patrie du premier homme.

Un écrivain carthaginois a tracé vers le milieu du IIIe siècle le portrait des chevaux maures. « Ils n'ont pas, dit-il, des formes très-élégantes; leur tête est petite, leur ventre bombé, leur crinière longue et rude; mais ils sont si faciles à manier, qu'on peut les conduire avec une simple verge. Rien n'égale leur rapidité; la course enflamme leur ardeur, au lieu de la ralentir; aussi longtemps que son cavalier a besoin de lui, il ne sent pas la fatigue, et il conserve en vieillissant la vigueur de ses jeunes années. »

Ce portrait convient encore aux chevaux de l'Algérie; il n'est pas rare de les voir faire cinquante ou soixante lieues en vingt-quatre heures. Ces chevaux appartiennent à trois races: la race Haymour, qui produit des chevaux bais; la race de Bou-Gareb, qui donne des chevaux blancs, et celle de Merizigue, des chevaux gris. Une autre race fort estimée est celle du Sahara algérien, dont les chevaux sont des bais-bruns.

Après le cheval vient le chameau. Cet animal, que sa force, sa docilité, sa patience et son excessive sobriété rendent très-précieux, est originaire de l'Arabie; mais il s'est parfaitement acclimaté dans les Etats barbaresques. Il sert au transport des marchandises et des voyageurs. Le camp d'Abd-el-Kader en contenait plusieurs centaines, qu'on employait à porter les provisions des hommes et des chevaux. Il y a plusieurs races de chameaux: la Talaye, qui fait par jour trois journées de la marche ordinaire de l'homme; la Sabaye, qui en fait sept; la Tasaye, neuf. La course de ces derniers est tellement rapide, que les voyageurs qu'ils portent n'ont pas le temps de se saluer lorsqu'ils se rencontrent.

Il y a en Algérie deux espèces d'ânes, dont l'une ressemble à celle de l'Europe, et l'autre est grande et forte comme celle de la Perse. Il y a aussi deux espèces de moutons, dont la plus rare donne une laine d'une admirable finesse. Les bœufs y sont petits et maigres, et les vaches y donnent peu de lait; mais on en élève des troupeaux considérables. Ces troupeaux étaient, avant la conquête, la richesse des indigènes.

Les Kabyles nourrissent des abeilles, dont la cire est l'objet d'un commerce important. Le ver à soie, qui se plaît sur le mûrier, et la cochenille, sur le cactus, commencent à s'y acclimater. L'Algérie fournit aussi quantité de sangsues à l'exportation.

Les oiseaux de l'Algérie sont les mêmes que ceux de l'Europe, à quelques variétés près; la pintade est commune dans la province de Constantine; l'outarde se rencontre dans les lieux arides et le vautour sur les montagnes. L'autruche, qui ne vivait qu'au désert, s'élève maintenant en captivité dans notre colonie, et commence à y donner de nombreux produits.

Les poissons de mer et d'eau douce diffèrent peu de ceux de nos côtes et de nos rivières. Il y a près d'Arzew des bancs d'huîtres excellentes et très-abondantes. Enfin la pêche du corail occupe, chaque année, dans ces parages de cent cinquante à deux cents bateaux.

Autrefois les forêts de l'Afrique septentrionale étaient peuplées d'éléphants et d'hippopotames. On y trouvait aussi d'énormes serpents, témoin celui du fleuve Bagradas, contre lequel les légions romaines furent obligées de dresser des balistes et des catapultes, comme contre une forteresse. Aujourd'hui ces hôtes terribles ont disparu.

Toutefois le lion effraie encore de ses rugissements les gorges de l'Atlas, et lève la dîme sur les troupeaux des indigènes. Il faut lire, pour se faire une idée de la force de ce seigneur des forêts et de la terreur qu'il inspire, les récits de Gérard, ce soldat français que les Arabes ont surnommé *le tueur de lions*, et qu'ils ne pouvaient assez admirer, quand ils le voyaient aller seul, la nuit, guetter leur puissant ennemi, l'attaquer et revenir vainqueur. Gérard a certainement donné aux tribus une plus haute opinion du courage français que tous les exploits de nos armées. Combattre contre des hommes est chose toute simple aux yeux de l'Arabe; mais se mesurer avec le lion est la preuve d'un véritable héroïsme.

Les autres animaux dangereux que la civilisation n'a pas encore chassés de l'Algérie, sont le tigre, la panthère, l'once, le lynx, le chacal et l'hyène; mais de jour en jour ils y deviennent plus rares. L'ours de Numidie se montre quelquefois sur les sommets de l'Atlas; le sanglier s'enfonce dans les marécages, la gazelle court sur le sable, et les singes pénètrent souvent jusque dans les vignes et les jardins.

On y trouve aussi quelques variétés de serpents, des caméléons, des lézards, des tortues de terre et d'eau douce. Enfin, parmi les insectes, on redoute les moustiques, les araignées, les fourmis, les scorpions et les sauterelles. Celles-ci y sont parfois si nombreuses, qu'elles prennent les proportions d'un véritable fléau. Elles arrivent en légions immenses et ne laissent sur leur passage ni un épi, ni une feuille, ni un brin d'herbe, si petit qu'il soit. Le feu est le seul moyen de combattre cet ennemi, qui traînerait infailliblement la famine à sa suite.

II.

Origine des divers peuples de l'Algérie. — Mœurs des Bédouins et des Kabyles.

Les Maures, venus d'Asie, paraissent avoir été la plus ancienne population de l'Afrique septentrionale. Plus tard ils se confondirent avec les Numides, les Phéniciens, les Romains et les Grecs. Tour à tour sujets, ennemis ou alliés de Carthage, ils tombèrent avec elle sous la domination romaine. Ils en secouèrent le joug, furent soumis par les Vandales, reconquis par Bélisaire, et tombèrent enfin au pouvoir des Arabes, sous le califat d'Othman, troisième successeur de Mahomet.

Les Maures n'opposèrent qu'une faible résistance aux Arabes, qui avaient avec eux une origine commune et parlaient la même langue. Ils embrassèrent avec joie l'islamisme, entrèrent dans les armées de leurs vainqueurs, marchèrent avec eux à la conquête de l'Espagne et pénétrèrent en France, où ils se fussent sans doute établis sans la valeur de Charles-Martel.

Cependant, bien avant l'invasion arabe, une armée de Sabéens, venue de l'Arabie Heureuse, s'était établie dans les contrées qui forment aujourd'hui l'Algérie, et n'avait pris ni les mœurs ni la religion des Maures. Cette race, connue sous le nom de Berbers, revit dans les Arabes nomades ou Bédouins. Les Berbers n'accueillirent pas les Arabes. Forcés de se soumettre, ils restèrent séparés de goûts et d'habitudes de leurs nouveaux maîtres, et ils profitèrent de l'émigration des Maures et des Arabes en Espagne et en France pour se rendre redoutables. Ils contractèrent des alliances avec le Maroc ; et quand Philippe III chassa les Maures de l'Espagne, en 1609, les Berbers s'opposèrent à ce qu'ils rentrassent dans leur ancienne patrie.

Les Berbers ont donné leur nom à la Barbarie, et sont restés ce qu'ils étaient jadis, un peuple ignorant, peu civilisé, orgueilleux de son origine et de sa liberté, insouciant, sobre, hardi, ne craignant ni les privations ni la mort, actif pendant la guerre, mais aimant par-dessus tout l'oisiveté pendant la paix.

Les Maures habitent les villes, y font le commerce en concurrence avec les Juifs, s'enrichissent pour la plupart, et ne s'occupent ni de guerre ni de politique.

Les Arabes, au contraire, n'ont d'autre passion que celle des armes, et font peu de cas des arts et de l'industrie. C'est ce qui prouve bien qu'il ne faut pas les confondre avec les Maures qui ont enrichi l'Espagne de ses plus beaux monuments et se sont rendus aussi célèbres par leur amour pour les sciences, les lettres et les arts, que par leur intrépide valeur.

Parmi les Arabes qui passent pour savants, beaucoup ne connaissent encore autre chose que le Coran, quoiqu'ils aient maintenant de nombreuses écoles. Ils ignorent complétement l'histoire des autres peuples et n'ont sur la leur que des notions confuses. Ils savent lire, écrire, compter ; il ne faut pas généralement leur en demander davantage. On peut, d'après cela, juger de l'ignorance de la population indigène avant la conquête de l'Algérie.

Les Arabes Bédouins vivent sous la tente comme les anciens patriarches; la réunion d'un certain nombre de tentes forme un douar ou village. Une forte haie de cactus et d'aloès entoure les douars. Deux portes y sont ménagées et conduisent à une espèce de place, autour de laquelle sont rangées les habitations particulières. Ces portes, ouvertes pendant le jour, sous la garde des chiens, sont soigneusement fermées la nuit, après avoir donné passage aux troupeaux, qu'on parque dans l'enceinte publique dont nous avons parlé. Ces précautions sont prises moins contre les ennemis, dont on pourrait avoir quelque chose à craindre, que contre les visites du lion, voisin dangereux qui, toutefois, lorsqu'il est affamé, se soucie aussi peu de la barrière qu'on lui oppose que si elle n'existait pas, et tombe au milieu du troupeau, dans lequel il choisit sa proie.

Quand le bétail est sorti du douar pour aller paître, les hommes viennent s'asseoir à l'air sur la place devenue libre. Ils se placent en rond, les jambes croisées, à la manière des tailleurs, s'enveloppent de leur burnous et fument gravement leur pipe, sans échanger entre eux la moindre parole, à moins qu'ils n'aient à discuter de sérieux intérêts ; encore se bornent-ils alors à dire les choses absolument nécessaires et à les dire avec le plus grand laconisme. Ils éprouvent un véritable étonnement mêlé d'un certain mépris, quand ils voient les Français converser entre eux.

Les Arabes n'aiment pas les étrangers, surtout les chrétiens; et s'ils font alliance avec les Français, c'est par nécessité. Ils avouent que nous l'emportons sur eux dans les arts, les sciences, l'industrie ; mais ils nous considèrent comme des hommes sans foi ni loi, qui ne cherchent ici-bas que leur bien-être et la satisfaction de leurs sens, qui établissent en ce monde leur paradis et qui sont par conséquent voués à l'enfer.

Ce qui les scandalise surtout, c'est le peu d'exactitude avec lequel nous nous acquittons des devoirs que nous impose notre religion, et, il faut bien le dire, ils ont raison. Ainsi, tandis qu'ils observent strictement le jeûne du Ramadan, prescrit par Mahomet, qu'ils font, aux heures voulues, leurs ablutions et leurs prières, ils ont peine à comprendre que, si nous croyons à la loi du Christ, nous nous dispensions des jeûnes, des abstinences et des pratiques religieuses qu'elle nous impose.

On ne peut se défendre d'une certaine admiration pour ce peuple, quelque ignorant et quelque grossier qu'il soit. Il a des vices, mais il a des qualités sublimes : sa noblesse d'âme, son courage, sa fierté, son calme au milieu des événements les plus contraires, son amour pour la liberté, ne peuvent être trop loués. On trouve en Algérie des Maures, des Juifs, des nègres, des Turcs, des Koulouglis, issus de Turcs et de Mauresques. Au milieu de ces races différentes, les Arabes Bédouins se font remarquer par leur caractère et leurs mœurs autant que par leur taille, leur visage froid et impassible, leur regard fier et dédaigneux.

Nous empruntons à M. Gondricourt les pages suivantes, dans lesquelles il peint avec bonheur la vie de l'Arabe :

« La vue d'un Bédouin inspire des idées d'indépendance ; il porte dans toute sa personne, dans la majesté de ses vêtements, dans le feu de ses regards et la finesse de sa physionomie, quelque chose d'antique qui vous impose et vous raille ; peuple errant, guerrier, infatigable, insouciant et fanatisé, se croisant les jambes dans le repos, fumant impassible, sans s'inquiéter de la vie, de la mort, du présent, du passé, de l'avenir, il vous domine toujours, quoique couvert de haillons, par son attitude superbe et dédaigneuse. Au premier cri de guerre, il s'élance sur son cheval qu'il martyrise, frappe son ennemi, lui coupe la tête, l'accroche au pommeau de sa selle, ou reçoit la mort avec une fierté et une résignation stoïques.

« Si vous voulez le connaître, entrez sous cette tente, laissez aboyer les chiens féroces et hargneux qui en défendent l'entrée; passez avec dédain et indifférence devant eux; car la moindre crainte, la moindre surprise ferait sourire les femmes et les enfants. Vous pourriez avoir eu peur.

« Une tribu se compose de douars ou familles, vivant sous le commandement d'un chef. Ce chef est toujours le plus riche, presque toujours le plus brave; à lui les beaux chevaux et les belles armes, à lui la tente la plus vaste. Le chef désigne le terrain que doit occuper la tribu; les tentes se dressent circulairement, la sienne est toujours au centre.

« J'avais connu, pendant une expédition que fit, sur les bords du Chélif, le général Perregaux, l'un des chefs de la grande tribu du Borgiah; ce chef, très-renommé dans le pays, se nommait Kaddour-Ben-Morphi. Riche, grand, noble, il représentait parfaitement le type dont j'ai parlé. Il vint, un jour, me chercher à Mostaganem (ville de la province d'Oran), pour me faire coucher dans sa tente à Mazagran (petit village turc détruit et qu'occupait alors le bey Ibrahim). C'était pour assister à une grande *fantasia* qui devait avoir lieu le lendemain, pour célébrer le mariage d'une de ses filles.

« Les tentes arabes sont faites avec du poil de chameau; ce tissu est très-lourd et très-grossier, mais il est imperméable. Les tentes des riches sont à trois pignons, trois perches égales, qui, verticalement plantées en terre, soulèvent trois pointes. Aujourd'hui beaucoup d'Arabes se servent de nos tentes, par la raison qu'elles ne leur coûtent rien; considération importante pour eux.

« Plusieurs esclaves s'élancèrent au-devant de nous pour tenir la bride et l'étrier; ils baisaient en silence le burnous de

Kaddour. Dès le premier coup d'œil que je jetai sur le camp, je fus vivement intéressé.

« Il était six heures du soir, le soleil allait disparaître derrière les chaînes du petit Atlas; je vis tous les Arabes se diriger en dehors du circuit des tentes et se prosterner la face contre terre, saluant les derniers feux de l'horizon, baisant la poussière, se relevant et se baissant encore.

« En ce moment aussi un spectacle curieux me frappa. La plaine était couverte de troupeaux qui rejoignaient les tribus. Si j'essayais de chiffrer la quantité de moutons, de chèvres et de bœufs qui foulaient sans pitié les belles fleurs de l'immense prairie, je pourrais n'être pas cru sur parole. Puis, au milieu, s'avançaient gravement les chameaux, la tête haute et droite et l'œil stupide. Peu à peu ce grand troupeau se divisa en petits groupes, qui vinrent parquer jusque dans l'enceinte réservée aux tentes. Alors ce fut une confusion effroyable dans le camp : chaque animal semblait lutter à qui ferait mieux entendre son cri. Puis tout s'éteignit, le silence ne fut plus troublé que par les chiens de garde. Chaque Arabe donna de la paille à son cheval, attaché par les paturons devant la tente du maître, se laissant taquiner par les enfants, regardant tour à tour les hommes, les chiens et les bestiaux, avec toute la familiarité d'un animal domestique.

« Nous entrâmes sous la tente; on me donna du café, une pipe et du tabac; on m'avait préparé un lit avec des peaux de chacal et des tapis; or, chacun se disposait pour le lendemain. Je me couchai tout habillé : les indigènes ne font jamais autrement. Les gens riches sont bien installés; mais les pauvres couchent tous ensemble, père, mère, filles et garçons, le tout accompagné de quelques paires de poules ou d'une nichée de chiens.

« Dès le matin tous les chevaux étaient sellés; on leur avait donné de l'orge tant qu'ils en avaient voulu. A les voir la tête basse, le cou allongé, la plupart assez mal parés et harnachés, on aurait pu croire à toute l'énergie dont ces fiers animaux sont susceptibles. J'ai toujours trouvé entre l'homme et le cheval arabe un grand rapport. Le Bédouin dans l'inaction est mou, indolent, paresseux à l'excès; dès que les passions l'agitent, dès qu'il respire l'odeur de la poudre ou qu'il entend la musique guerrière, son regard brille, sa taille se redresse, ses muscles se raidissent, il est grand, fort, brave, audacieux, agile, et s'ennoblit à mesure que les cris augmentent, à mesure que le danger s'accroît. Le cheval qui dort sur ses entraves, baisse l'oreille, laisse tomber sa queue et promène un regard morne autour de lui; dès qu'il sent un cavalier en selle, il redresse cette tête si fière, secoue sa crinière, se bat les flancs comme un tigre royal, et, piaffant, écumant, rongeant son frein, il s'agrandit, devient fort, brave, audacieux, agile, et s'ennoblit aussi, à mesure que son cavalier l'échauffe, à mesure que ses flancs saignent.

« Les chevaux étaient sellés. Ceux du chef avaient de belles housses en maroquin, ornées d'arabesques d'or et d'argent. A sept heures, tous étaient sous les armes.

« Le ciel était magnifique; le soleil, en tombant sur les étoffes blanches et sur les armes argentées, renvoyait des rayons étincelants.

« Toutes les fêtes arabes se célèbrent à coups de fusil. La jeune mariée, assistée de ses amies et de ses matrones, toutes montées sur des mules et le visage voilé, se placèrent près du chef. Les Arabes se divisèrent par groupes de trois ou quatre, et, prenant environ trois cents mètres de champ, ils revinrent au galop de charge sur le chef, firent feu à ses pieds et tournèrent bride sur le coup.

« Le talent du cavalier consiste à maintenir son cheval toujours en ligne, soit en le modérant, soit en l'excitant. Les femmes poussent des cris en l'honneur des cavaliers qui ont montré le plus de grâce, soit dans le maniement des armes, soit dans la conduite de leurs chevaux. Ils ont le courage et la patience de passer des heures entières à jouter ainsi, faisant voltiger au vent les larges plis de leurs burnous, abîmant sans pitié leurs chevaux, s'étourdissant au milieu des détonations successives et des éloges qu'ils recueillent au passage, méprisant le soleil et la sueur qui découle de leurs fronts. Puis on met pied à terre, et alors ils prennent un soin prodigieux de leurs chevaux ; ils les choient comme un enfant malade et sont repentants du mal qu'ils leur ont fait.

« Je connais un Arabe, excellent cavalier, qui mettait toujours son cheval en sang et en nage, puis s'asseyait à ses côtés, lui donnant à manger dans son burnous et pleurant de chagrin.

« Il fallut se décider à faire un repas arabe. Les Arabes n'ont pas d'heure bien fixée pour les repas : ils mangent le matin, après la prière, et ne se condamnent pas pour cela à attendre l'heure du grand repas, correspondant à notre dîner, et qui se fait sur les quatre heures au plus tard. Ils mangent avec plus que de l'appétit des figues et de la galette pendant la journée, fument et boivent du café longtemps pendant la nuit.

« La tente était occupée par des hommes; les femmes étaient réunies seules dans une autre. Kaddour me donna la main, me fit asseoir sur une pile de tapis, et il fallut faire comme tout le monde, se croiser les jambes à l'orientale; ce qui, je vous le jure, est plus que fatigant. J'en perdais l'appétit.

« Cependant les Arabes et les Turcs restent des journées entières dans cette position; j'ai vu des Bédouins, au bivouac, s'asseoir ainsi devant les mauvais feux que nous allumions, fumer, se passer leur pipe unique, fermer les yeux, s'endormir et se réveiller les jambes toujours croisées, sans paraître fatigués d'une pose aussi laborieuse.

« La terre était couverte de tapis venant de Tunis ou de Callah. Les esclaves nous servirent un dîner, que je trouvai détestable. Par la suite, devenu moins difficile, j'ai toujours fait assez d'honneur à la cuisine des Bédouins, qui vraiment a son genre de mérite. D'abord le plat national et fondamental, le couscoussous. On le fait à la volaille, au bœuf, au mouton, au poisson, au gibier ; il n'a d'invariable que le maïs pilé, qui sert de pain, et qui est au couscoussous ce que le riz est au karrick. Si le beurre dont ils se servent pour la pâte n'était pas le plus souvent rance et fort, ce plat ne serait pas à dédaigner ; il était servi dans une énorme gamelle en bois, où nous plongions nos cuillers de même espèce, avec toute la célérité qu'exigeaient nos besoins.

« On parlait peu. La conversation roulait sur les préparatifs d'une expédition qui devait partir d'Oran.

« On nous passait de temps à autre un vase en fer-blanc, qui contenait une eau pure et limpide. Triste boisson, direz-vous. Non, car l'eau est précieuse et vénérée en Afrique.

« — Ton pays est donc sans rivières et sans fontaines ? disait un Arabe.

« — Une rivière en France est plus grande que le Chélif et la Macta, que l'Isser et la Tafna, si elles pouvaient s'unir, et les fontaines coulent dans toutes les vallées.

« — Pourquoi donc as-tu quitté ton pays ? reprit l'Arabe émerveillé.

« Après le couscoussous vinrent des brochettes de petits oiseaux, mêlés à des morceaux de mouton, puis deux ou trois poules, qui avaient la tête coupée. Je m'étonnai de cette mutilation, et Kaddour m'apprit que le Coran l'ordonnait. Depuis, je n'ai jamais vu les Arabes manger du mouton, de la volaille et du gibier, s'ils n'en avaient eux-mêmes coupé la tête.

« Je fus encore très-surpris de voir apporter un mouton tout entier, parfaitement rôti (art difficile, si je me souviens de quelque science culinaire). Un esclave le dépeça avec adresse et agilité, il était succulent. Puis après vinrent le café et les longues pipes.

« Toute la soirée, on chanta sous les tentes : les enfants poussaient des cris, les hommes brûlaient de la poudre, les chevaux dressaient la tête au bruit des détonations et semblaient se ranimer aux éclairs de la fête.

« Le lendemain matin, la mariée, montée sur un chameau, escortée de deux esclaves, accompagnée des parents et des amis de son époux, alla rejoindre sa nouvelle tribu, où elle fut encore reçue avec des cris et des courses, des chansons et des coups de fusil.

« Au camp de Mazagran, les troupeaux reprirent la plaine, les femmes se remirent au travail, et les hommes se croisèrent les bras ou fumèrent; car le vrai Bédouin, l'Arabe pur, ne sait que monter à cheval, faire la guerre et se reposer en pacha sous sa tente. Les êtres faibles, femmes et enfants, le servent et plient sans murmure sous tous les fardeaux domestiques. »

La réunion d'un certain nombre de douars forme une ferka ou fraction de tribu; plusieurs ferkas forment une tribu, gouvernée par un chef nommé kaïd; plusieurs grands kaïdats forment un califat ou le gouvernement d'un bachaga; enfin les tribus qui ont fait leur soumission aux Français, tout en conservant leur ancienne organisation, sont placées sous l'autorité des bureaux arabes.

Depuis la conquête, les impôts payés par les indigènes sont restés ce qu'ils étaient jadis. Ils doivent à l'autorité la dîme sur les céréales, c'est-à-dire la dixième partie de leur récolte : c'est ce qu'on appelle l'achour. Ils donnent en outre un mouton sur cent, un bœuf sur trente et un chameau sur quarante.

La province de Constantine paie un impôt en argent, représentant le loyer des terres, fixé à 25 fr. par propriété pouvant être cultivée par une seule paire de bœufs. Cet impôt est connu sous le nom de kokor. Les Kabyles et les tribus du Sahara paient aussi une contribution en argent, nommée la bezma.

Les Kabyles descendent aussi, dit-on, des Berbers. Ils habitent les montagnes, et, au lieu de vivre sous la tente, comme les Bédouins, dont les goûts sont essentiellement nomades, ils se bâtissent des maisons, si toutefois on peut donner ce nom à ces misérables constructions.

Une seule chambre réunit souvent toute la famille, plus la vache, l'âne et le mulet. Elle est bâtie en pierres sèches, auxquelles un enduit de bouse de vache sert de ciment, et couverte soit en paille, soit en tuiles posées sur des branches. Des nattes de jonc ou de palmier, placées à terre, servent de lit. Le foyer occupe le milieu de la pièce, et la fumée s'échappe par les intervalles qui séparent les tuiles du toit.

Deux pierres rondes destinées à moudre le grain, des tamis en poil de chèvre et en crin servant à passer la farine, un foyer portatif muni d'une plaque d'argile sur laquelle on fait cuire le pain, une broche à rôtir qu'on tourne à la main, quelques jarres de terre pour mettre le lait, le beurre, le maïs ou le riz, forment tout le mobilier et les ustensiles des pauvres ménages. Les riches ont en plus de grandes jarres de terre glaise cuites au soleil et remplies de provisions, et des nattes plus fines, disposées en étage sur des estrades.

Mais riches et pauvres vivent sobrement. Du lait, du miel, du beurre, des figues trempées dans l'huile rance et quelques légumes forment leur principale nourriture. Le couscoussous est pour eux, comme pour les Bédouins, le mets de prédilection. Voici la manière dont on le prépare.

On roule de la mie de pain par petites boulettes, qu'on place dans un vase de terre percé comme une écumoire. Ce vase se pose sur un pot, également en terre, dans lequel cuisent, nageant dans l'huile rance ou dans la graisse de mouton, des morceaux de viande, du bœuf, du mouton, du bouc, de la volaille, du gibier, assaisonnés de tomates, de maïs vert, d'oignons, de piment, d'herbes aromatiques, ingrédients qui tous communiquent leur saveur et leur parfum au couscoussous.

Quand il est arrivé à une parfaite cuisson, grâce à la vapeur de ce mélange, on le verse dans une gamelle de bois, qu'on place à terre au milieu des convives. Ils se servent de leur main gauche comme d'une assiette, et la droite fait l'office d'une cuiller, soit pour puiser dans le plat, soit pour porter à la bouche, dans toutes les maisons où l'on ne s'est pas encore procuré cet objet de luxe.

L'eau est la boisson ordinaire, du moins en public ; car, malgré la défense faite par le prophète, beaucoup boivent en secret des liqueurs fermentées, surtout quand elles se rapprochent de l'eau par la couleur.

Si les Kabyles sont de même race que les Arabes Bédouins, cette race n'a pas gardé sa pureté primitive ; car ils diffèrent les uns des autres sur un grand nombre de points.

Les Kabyles sont moins grands que les Arabes ; leur profil est moins sévère et moins beau, leur tête est plus ronde, leurs traits sont plus courts ; mais ils sont maigres et fortement musclés comme les Arabes ; comme eux, ils ont l'œil brillant, les dents belles, le teint brun ; ils méprisent les aises de la vie et se plaisent au bruit de la guerre.

Chez les uns comme chez les autres, l'autorité du chef de la famille est absolue, et les enfants ont pour leur père le plus profond respect. Les femmes kabyles ne se voilent pas le visage dans les fêtes publiques ; elles y chantent, y dansent, et quelquefois y luttent d'adresse avec les hommes. Elles les accompagnent aussi à la guerre, les excitent par leurs cris, pansent leurs blessures et savent mourir avec eux. Aussi sont-elles entourées d'une considération que ne partage pas la femme arabe ; celle-ci est regardée comme un être de nature inférieure et n'est que la servante de son mari, tandis que la femme kabyle exerce une influence qui s'étend quelquefois jusque dans les affaires de sa tribu.

Le vêtement de l'Arabe consiste en une chemise de lin, une tunique descendant à mi-jambes, et par-dessus cette tunique un haïck, immense couverture de laine ou de fil, dont il s'enveloppe entièrement et se drape avec une rare majesté, quoique ce haïck soit souvent d'une saleté si grande, que les haillons les plus hideux de nos mendiants n'en peuvent donner une juste idée.

Chez les Kabyles, le haïck n'est porté que par les riches. Le vêtement ordinaire se compose d'une chemise de laine servant de tunique et d'un manteau muni d'un capuchon, qui se rejette en arrière à volonté. Ce manteau ne quitte le Kabyle ni l'hiver ni l'été, ni le jour ni la nuit, et il se transmet de génération en génération. Aussi n'est-il pas rare qu'il soit sale, déchiré, ce dont le Kabyle ne s'inquiète guère ; car il ne tient pas plus que l'Arabe à la propreté de ce qui l'entoure.

Les femmes portent un haïck à capuchon, laissent flotter leurs cheveux et marchent nu-pieds comme les hommes. Les riches seulement, hommes et femmes, s'enveloppent les pieds d'une peau de bête, retenue par une lanière ou par une corde en poil de chameau ou en laine. Les femmes portent des colliers de corail ou de verroterie, se teignent les ongles, le dedans des mains, le dessous des pieds, avec du henné, et se tatouent souvent le front et les bras.

Les vieillards sont, chez les Arabes et les Kabyles, l'objet de la plus grande vénération. Le nombre en est fort peu considérable, les guerres continuelles que soutiennent ces hommes les moissonnant ordinairement de bonne heure. Ceux qui arrivent à la vieillesse sont admirés, enviés et servis par toute leur tribu. Ils passent leurs derniers jours dans une méditation qu'ils n'interrompent guère que pour raconter aux jeunes gens les faits d'armes qu'ils ont accomplis ou qui se sont passés sous leurs yeux.

Les enfants en bas âge gardent les troupeaux; dès que les garçons atteignent quatorze ans, ils quittent cette occupation et commencent à combattre à côté de leurs pères, qui ne craignent pás de les voir affronter les dangers pour acquérir de la réputation.

Nous emprunterons encore, pour terminer ce chapitre, à l'auteur que nous avons déjà cité, quelques notions sur les mœurs des Arabes et sur les professions qu'ils entourent de leur respect :

« Les croyances superstitieuses sont profondément enracinées chez le peuple arabe. Pour en comprendre les causes, il faut s'initier aux détails de la vie toute primitive de ce peuple ; il faut suivre ses goûts nomades et reposer sous sa tente. Alors, comme lui, placé en face de la nature, on est entraîné, comme lui, aux méditations contemplatives ; les heures de repos et les veillées vous inspirent ces croyances dont une civilisation, déjà vieille, n'a pas encore complétement débarrassé l'Europe.

« Nous nous rendons un compte exact de tous les phénomènes naturels, et cependant nous en ignorons les principes ; ce n'est qu'à l'aide des causes secondes, conséquences des lois générales, que nous parvenons à expliquer les mystères de cette nature et à changer les superstitions cabalistiques, les féeries et toute l'armée des êtres mythologiques, en résultats physiques, évidents et irrécusables.

« L'Arabe, éloigné de toute civilisation, endurci à l'ignorance depuis des siècles, incapable de concevoir, à l'aide du raisonnement, les conséquences les plus immédiates de l'enchaînement des principes généraux et des principes élémentaires, a cependant besoin d'une explication quelconque, d'une preuve sinon physique, du moins morale, et il se livre avec plaisir à des rêves, à des fables, qui conviennent à ses mœurs et s'associent à sa vie aventureuse.

« Ne nous étonnons donc pas de le voir recourir aux génies, aux fées, aux péris, aux goules, aux afrits, etc.; il les divinise et en peuple ses bois, ses campagnes et ses fontaines. Ce sont eux qui protégent ses troupeaux contre le *mauvais œil* : il les a pour compagnons sous sa tente et au combat. Il place sous la protection spéciale de l'un d'eux son cheval, sa propriété la plus chère, son bien le plus précieux. On le voit rempli d'une ardente dévotion pour ces êtres qui veillent à tous les actes de sa vie ; afin de se les rendre propices ou d'apaiser leur colère, il se fait l'esclave d'une foule de pratiques qui constituent une des branches importantes de la science des Talebs.

« L'Arabe qui doit combattre se méfie des embûches que lui tendront les génies de son adversaire ; pour conjurer leur pouvoir, il se couvre de talismans et il se précipite au milieu du danger, confiant dans la protection des démons qui combattront contre eux pour lui.

« Les talismans consistent ordinairement en un morceau de cuir sur lequel sont tracés, à certain jour et à certaine heure, des caractères mystérieux.

« Le marabout (ou saint) est un homme d'une vie fort austère ; il roule toujours entre ses doigts les quatre-vingt-dix-neuf ou cent grains de son chapelet, qui est du modèle de celui des catholiques romains ; il prie et médite sans cesse. Cette sainteté est héréditaire ; et pour que le fils obtienne le même crédit que le père, pour qu'on l'écoute avec le même recueillement et qu'on lui rende les mêmes honneurs, il lui suffit de prendre un maintien grave, un air imposant, indices ordinaires de son état. Ils ont souvent des extases qui les rapprochent de la Divinité et font quelquefois des miracles qui n'ont souvent pas tout le mérite de nos tours d'escamoteurs. Quelques marabouts sont saints et prophètes : ceux-là jouissent d'une considération colossale et remuent les provinces par l'empire de leur parole.

« Les saints, en général, consacrent leur vie à secourir les indigents, soigner les malades, consoler les affligés. Ils voyagent beaucoup, et, dans leurs courses, s'arrêtent au milieu des tribus, où ils sont reçus avec joie. Leur arrivée est saluée comme une visite de l'esprit de Dieu ; ils accordent les querelles, distribuent ou bénissent les sachets ou les amulettes des guerriers, font des lectures du Coran et se retirent adorés par tous ceux qu'ils rencontrent. Les Arabes n'entreprennent jamais un grand voyage ou une affaire importante sans consulter d'abord un marabout. La plupart des cavaliers suspendent au cou de leurs chevaux un petit sachet en cuir renfermant un verset du Coran ; ils ont beaucoup de foi à l'efficacité de ce talisman, qui doit les préserver des mauvaises chances de la guerre.

« Ces hommes sont beaucoup plus instruits que le peuple. Seuls ils connaissent quelques lambeaux d'histoire ; j'en ai connu un qui me parlait de Napoléon et qui rappelait assez exactement les faits qui se rapportent à notre expédition d'Egypte. Ils n'ont cependant que des traditions fort obscures sur leur propre origine, sont très-fiers des éclatantes victoires de Mahomet et de ses successeurs, et ne possèdent en manuscrit que des morceaux décousus, établis sans ordre chronologique, et qui présentent de pénibles difficultés à l'historien qui les consulte.

« Le Coran seul, écrit moitié en vers, moitié en prose, leur sert d'archives, de code et de livre saint. Peu d'Arabes savent lire ou écrire ; les marabouts possèdent généralement ce double savoir et le mettent volontiers au service de leurs frères. Ils écrivent de droite à gauche avec des morceaux de roseaux fendus, se servent de papier et d'encre. Leur alphabet est l'alphabet arabe pur ; ils calculent comme nous et ont un système de numération semblable à notre système décimal. (On sait que les chiffres dont nous nous servons viennent des Arabes et ont remplacé les chiffres romains, beaucoup plus compliqués.)

« Les marabouts dirigent les écoles, apprennent à lire aux enfants de leurs tribus et les instruisent dans les principes de la religion.

« Plusieurs marabouts ne font pas la guerre et prient pour les combattants; d'autres ne suivent les expéditions que pour donner leurs voix dans les conseils; d'autres, au contraire, offrent l'exemple du courage le plus fougueux et le plus téméraire.

« Pendant la guerre sainte, nous en avons vu qui s'exposaient à une mort assurée pour mériter aux yeux de la foule le titre d'immortels, s'ils ne succombaient pas. On en a vu qui, chaque jour, venaient essuyer le feu de nos postes avancés et qui rentraient paisiblement dans leur camp, après avoir excité l'admiration de leurs propres ennemis. Les marabouts tués sur le champ de bataille ont rarement la tête coupée (les Arabes ont l'habitude de décapiter les cadavres de leurs ennemis) ; on se contente de leur enlever une main, souvent même on les enterre avec beaucoup d'honneurs.

« Lorsqu'un marabout meurt, il est inhumé en grande cérémonie dans la tribu. On élève un mausolée sur sa tombe, et ce mausolée prend le nom de marabout.

« Les plaines et les montagnes sont parsemées de ces tombeaux, de formes tout à fait originales ; le voyageur qu'aucune route tracée ne peut guider les prend pour points de repère. Il y en a de fort élégants, quoiqu'ils soient tous construits sur le même modèle ou à peu près. C'est une petite maison carrée, surmontée d'un dôme et quelquefois ornée de légères colonnettes.

« Avant que la guerre sainte vînt ravager le pays, on entretenait ces marabouts avec beaucoup de luxe; des lampes constamment allumées étaient suspendues à la voûte ; plusieurs servaient de cellules à des religieux qui passaient le temps en lectures et en dévotions. Ainsi que les mosquées, ils offrent un asile inviolable aux accusés et aux criminels. On y fait des pèlerinages ; les gardiens et religieux apprivoisent dans les plus célèbres de ces marabouts de jeunes lions, qui deviennent pour les tribus un objet de culte et de vénération.

« Toute l'ambition d'un saint consiste à faire le voyage de la Mecque. Ceux qui sont riches le font par mer ; les pauvres l'entreprennent péniblement par terre, de tribus en tribus, répandant leurs prières et leurs prophéties, en retour de l'hospitalité qu'ils reçoivent sur leur passage. Lorsqu'ils reviennent dans leur pays, ils portent devant leur nom le substantif hadji (pèlerin).

« Il existe encore parmi les Bédouins une classe d'hommes à part : ce sont les fous. Tous les Orientaux ont une grande vénération pour les fous ; ils pensent qu'absorbés par la contemplation des choses du ciel, ces êtres privilégiés ne peuvent descendre jusqu'à s'occuper des choses d'ici-bas. Aussi, quand un homme est assez heureux pour joindre au mérite immense d'être saint le mérite non moins grand d'être fou, il n'y a plus de bornes au respect et à l'admiration qu'il inspire, et il peut tout se permettre dans ses accès de divine frénésie, avec la presque certitude de l'impunité. On ne saurait croire jusqu'où va le culte qu'on leur voue : toutes leurs actions sont bénies, et chez les sauvages les plus barbares on ne trouve pas de coutume aussi profondément absurde.

« Ces fous n'ont pas de résidence fixe ; ils courent de tribus en tribus, prophétisant, couverts de haillons ; ils sont toujours reçus sous la tente du cheik, reçoivent des aumônes, qu'ils distribuent le plus souvent aux pauvres, chantent des poésies, et confèrent avec l'esprit de Dieu sur la destinée des hommes et la gloire des armées.

« Les Bédouins aiment beaucoup la danse et les chansons ; tous les jeunes gens s'y adonnent avec ivresse, et c'est vraiment un spectacle pittoresque que de les voir : lorsque le soleil a disparu derrière les montagnes, ils se rassemblent devant leurs douars ; l'un saisit un mauvais tambour de basque, un autre prend un roseau percé de trois trous, un troisième s'apprête à chanter, et tous les autres attendent le signal avec impatience. La flûte et le tambour commencent, puis la voix accompagne avec des sons plaintifs et aigus. La danse s'exécute d'abord à petits pas mesurés, puis se termine par des bonds et des tours de force, au fur et à mesure que la musique devient plus vive et plus pressée.

« Souvent tous s'asseyent en cercle, et le roseau fait entendre des accents tristes, langoureux, monotones, puis s'arrête pour attendre la réponse du chanteur, qui fait de même. Durant nos expéditions, nous avons vu les Arabes rompre l'ennui et la fatigue des longues marches par cette musique ainsi dialoguée; ils soufflaient et chantaient sans interruption pendant des heures entières.

« On pourrait croire, d'après cela, qu'ils ont un grand répertoire de chansons ; non, ils composent d'inspiration, adaptent à leurs idées quelques airs dont le nombre est peu considérable et chantent tout ce qui leur passe par l'esprit. Ils font rarement des vers ; quelques marabouts seuls en connaissent le secret ; mais leurs idées sont poétiques, leurs paroles riches et figurées.

« Les Arabes sont grands conteurs. Chaque douar a son orateur, qui raconte les traditions des tribus et les œuvres des poëtes ; on les entoure avec respect et recueillement ; ils ne se lassent jamais de répéter le même conte, ni les autres de l'écouter ; aussi l'on cite plusieurs poëtes, auteurs de contes fameux, qui vous sont racontés dans tous les douars. La forme de ces contes n'est pas exactement celle des *Mille et une Nuits* ;

ils sont revêtus d'un cachet encore plus fabuleux et ne vous sont point livrés à titre d'histoires faites à plaisir, mais bien comme des événements authentiques et irrécusables.

« La crédulité est poussée au dernier degré chez ces hommes simples et primitifs. J'ai entendu des Arabes vénérables, pourvus de tout leur bon sens, affirmer avoir vu les choses les plus fantastiques et les plus ridicules.

« Les tébibs ou médecins sont, après les marabouts et les fous, ceux qui jouissent de la plus grande considération chez les Arabes. Le respect qu'on leur porte n'est pas justifié par leur habileté ; il a sa source dans la croyance généralement répandue que les tébibs sont magiciens et sorciers, et qu'ainsi c'est par un pouvoir surnaturel qu'ils opèrent des guérisons. Les bains, la saignée et l'application du feu sont les ressources principales de la médecine arabe. Les tébibs n'appliquent guère sur les plaies et les blessures que des cataplasmes ou de la terre glaise. Ils ne pratiquent jamais l'amputation : l'Arabe préfère la mort à la perte d'un membre. Nos médecins et nos chirurgiens sont, de leur avis même, plus instruits que les leurs ; mais une certaine méfiance leur fait accepter plutôt le secours des tébibs que celui des docteurs français. Cependant, quand un de ces derniers arrive dans une tribu, il y est bien reçu ; chacun vient le consulter, ceux qui jouissent d'une parfaite santé aussi bien que les autres ; ils croient qu'en se soignant suivant les prescriptions du savant *roumi* (chrétien), ils seront préservés de toute maladie dans l'avenir. »

III.

Histoire de la domination turque en Algérie.

Nous avons fait, en quelques mots, l'histoire de l'Afrique septentrionale, jusqu'à l'invasion de ce pays par les sectateurs de Mahomet, et nous avons dit qu'ils y furent reçus avec enthousiasme. Depuis ce moment, les tribus arabes obéirent à divers chefs, toujours désignés à leur choix par leur valeur et leur apparente sainteté. Cette période dura jusque vers la fin du XVe siècle.

L'Espagne, ayant alors fait la conquête d'une partie du nouveau monde, en ramenait de grands trésors. Pour protéger ses navires, elle s'établit à Oran, à Mers-el-Kébir, et bâtit, au lieu où se trouve le phare d'Alger, le fort du Penon.

Le gouverneur d'Alger, qui n'avait pu s'opposer à l'établissement des Espagnols sur son territoire, appela, pour les en chasser, le pirate le plus célèbre de ce temps-là, Aroudj ou Oroush Barberousse. Aroudj avait à ses ordres une flotte de corsaires turcs ou renégats. Il accourut à l'appel du gouverneur et chassa sans beaucoup de peine les Espagnols. Mais ce succès lui inspira le désir d'en remporter d'autres; il attaqua Alger, s'en empara, et fit sanctionner sa conquête par un marabout alors en grande vénération parmi les Arabes. Dès que Sidi-Abd-er-Rhaman (c'était le nom de ce marabout) se fut prononcé en faveur d'Aroudj, l'autorité de celui-ci fut reconnue, et il devint le chef d'une sorte de république militaire, nommée odjéak.

De nouveaux exploits le rendirent cher aux Arabes. Charles-Quint, ayant tenté de reprendre le Penon, fut battu par Aroudj; mais celui-ci mécontenta ses nouveaux sujets, qui se révoltèrent et le tuèrent. Kaïr-Eddin, son frère, lui succéda. Pour résister plus efficacement aux Espagnols, que les Arabes avaient pris pour alliés, il plaça la république militaire d'Alger sous le protectorat du grand sultan, qui lui envoya un corps de janissaires. Aidé de ces troupes et de la tempête, Kaïr-Eddin repoussa encore une fois les Espagnols. Puis il soumit, par la force, les Arabes révoltés, et, laissant le gouvernement d'Alger à l'un de ses lieutenants, Hassan-Agha, il se mit à la tête des flottes turques. Hassan-Agha fit prendre à la piraterie un nouvel essor, et telles furent les dévastations commises le long des côtes de l'Espagne par ces hardis forbans, que Charles-Quint voulut conduire en personne une nouvelle expédition contre Alger. Cette fois encore la tempête dispersa ou détruisit ses vaisseaux. Son armée de siége faillit entrer dans Alger, grâce à la valeur d'un Français qui en faisait partie; mais Hassan-Agha, sacrifiant ses soldats engagés contre les Espagnols, leur fit fermer les portes. Ces tempêtes successives parurent aux Arabes la preuve la plus convaincante de la protection d'Allah sur Hassan-Agha; ils se réunirent à lui, et Charles-Quint fut obligé de se retirer avec les débris de son armée.

De sanglantes révolutions troublèrent le pouvoir des descendants de Kaïr-Eddin. Les janissaires étranglaient ceux de ces deys qui déplaisaient au sultan, ou dont eux-mêmes n'étaient point satisfaits.

Alger continuait d'être le refuge des pirates qui infestaient la Méditerranée, attaquant les navires européens, emmenant prisonniers leurs équipages, les traitant avec la dernière rigueur et quelquefois débarquant sur les côtes et y commettant toutes sortes de violences et de rapines.

Les Hollandais attaquèrent en vain par deux fois cette ville. Louis XIV, parvenu au plus haut degré de sa puissance, envoya contre les barbares le duc de Montfort, qui les battit et obtint un traité du dey Ali; mais les Turcs désapprouvèrent la conduite d'Ali, le tuèrent et mirent à sa place Baba-Hassan, qui déchira le traité. Duquesne vint alors, à la tête d'une flotte française, brûla une partie de la ville d'Alger, et la bombarda encore quelque temps après. Alger demanda grâce. Louis XIV pardonna, sur la promesse qui lui fut faite que tout navire français serait désormais respecté et même secouru par les pirates algériens, qu'il trouverait au besoin asile dans ce port et y serait salué d'un certain nombre de coups de canons; enfin, que tous les esclaves français seraient mis en liberté.

Ce traité ne fut pas mieux exécuté que ceux qui avaient déjà été conclus. Les établissements concédés aux Français furent plusieurs fois incendiés; cependant la paix ne fut ouvertement rompue entre le dey d'Alger et la France qu'en l'an VII de la République. Deux ans après, une nouvelle convention fut signée; mais en dépit de la foi jurée, les corsaires reparurent dans la Méditerranée, et des bateaux français, se rendant sur la côte d'Afrique pour la pêche du corail, furent repoussés par les ordres du gouverneur de Bone. Une gondole corse qui s'y rendait aussi fut attaquée par une felouque algérienne; deux bricks, sortant de Toulon pour aller à Saint-Domingue, furent pris par les forbans; et un vaisseau ayant échoué sur les côtes d'Alger, cent cinquante hommes de l'équipage furent tués ou faits prisonniers.

La France demanda une réparation éclatante; le dey la promit, moyennant 300,000 piastres. Bonaparte, alors premier consul, écrivit au dey une lettre dans laquelle on remarque le passage suivant :

« Je n'ai jamais rien payé à personne, et, grâce à Dieu, j'ai imposé la loi à tous mes ennemis. J'ai détruit l'empire des Mamelouks, parce qu'après avoir outragé le pavillon français, ils osaient me demander de l'argent pour la satisfaction que j'avais droit d'attendre. Craignez le même sort, et, si Dieu ne vous a pas aveuglé, pour vous conduire à votre perte, songez qui je suis et ce que je peux. »

Peu de temps après, Mustapha-Pacha accorda, sans conditions, la réparation exigée par le premier consul.

En 1816, l'Angleterre envoya contre le dey lord Exmouth, qui fit mettre en liberté tous les prisonniers chrétiens, réduits au plus pénible esclavage. Hussein-Pacha, qui commença de régner l'année suivante, réprima l'audace des corsaires; car il comprenait que le temps de la piraterie était passé. Mais depuis près de dix ans déjà, des discussions d'argent duraient entre la France et la régence d'Alger. Il s'agissait de fournitures faites par cette régence aux armées françaises pendant l'expédition d'Italie et celle d'Egypte. Le gouvernement français avait offert sept millions pour solde de compte; on n'avait pas accepté, et chaque fois que notre consul se trouvait en présence du dey, cette question embrouillée revenait sur le tapis.

Un jour que le consul Deval réclamait contre quelque infraction aux traités, le dey, de son côté, réclama les sommes dues à l'odjéak. La discussion s'anima entre Hussein et le représentant de la France, et le dey, oubliant ce titre qui devait rendre le consul inviolable, le frappa de son chasse-mouches au visage.

Cela se passait en 1827. La France, instruite de l'outrage fait à son consul, demanda qu'en réparation, tous les grands de la régence vinssent, à l'exception du dey, à bord du vaisseau commandant l'escadre conduite par le capitaine Collet, pour faire, au nom du prince, des excuses au consul; enfin, qu'à un signal donné, le palais du dey et tous les forts arborassent le pavillon français et lui rendissent hommage par cent et un coups de canon.

Hussein répondit à cette sommation en faisant détruire les établissements français sur la côte d'Afrique. Aussitôt les treize vaisseaux placés sous les ordres du capitaine Collet formèrent le blocus du port d'Alger.

Le dey n'avait pas assez de forces pour rompre le blocus; mais ses coffres étant pleins d'or, il pouvait supporter ce tort fait à son commerce. Pendant deux ans, il brava les Français et permit à ses officiers de railler et de défier leurs ennemis. Le 30 juillet 1829, le capitaine de la Bretonnière fut chargé de faire une dernière démarche auprès de Hussein-Pacha et le trouva aussi décidé que le premier jour à refuser satisfaction au gouvernement français. Au moment où il rejoignit le vaisseau qui l'avait amené, vaisseau qui portait le pavillon parlementaire et le drapeau blanc fleurdelisé, il fut assailli par le canon des forts.

Ce nouvel outrage demandait du sang. Il excita en France une indignation générale, et, malgré les dénégations du dey, qui prétendit n'avoir pas donné l'ordre d'attaquer M. de la Bretonnière et destitua ceux qu'il en accusait, le siége d'Alger fut résolu.

Tous les peuples de l'Europe virent avec joie cette expédition; car tous étaient, depuis des siècles, tributaires de l'odjéak. L'Angleterre, l'Autriche, la Hollande, l'Espagne, le Hanovre, la Toscane, la Sardaigne, les Etats de l'Eglise, n'envoyaient leurs consuls à Alger qu'en payant une forte somme pour les y faire agréer. Le Danemark et la Suède payaient, tous les dix ans, au dey, 24,000 piastres et donnaient en outre chaque année une quantité considérable de munitions de guerre.

Cependant la puissance maritime de la régence d'Alger, devant laquelle toute l'Europe s'inclinait ainsi, n'était pas à beaucoup près aussi redoutable qu'on le croyait; mais l'audace des corsaires en avait donné partout une haute idée; et si la France ne faisait pas remettre d'argent au dey, quand elle nommait un consul à Alger, elle ne manquait pas d'offrir un présent à ce prince.

Le moment était venu de secouer le joug. On s'occupa activement en France des préparatifs de l'expédition. Le 26 mai 1830, une flotte composée de cent trois vaisseaux de guerre, de six cents navires de commerce, frétés pour le transport des vivres, des munitions et des troupes, sortit de Toulon et fit voile vers l'Afrique.

IV.

Prise d'Alger.

Le 29 mai, la flotte française arriva à la hauteur des îles Baléares, et le lendemain elle rejoignait l'escadre formant le blocus. Les troupes, pleines d'ardeur, aspiraient au moment d'en venir aux mains avec ces barbares qui naguère encore avaient massacré la plus grande partie de l'équipage de deux bricks échoués; aussi virent-ils avec stupeur que, sur l'ordre de l'amiral Duperré, la flotte s'éloignait des côtes d'Afrique.

On crut généralement que l'expédition n'aurait pas lieu, et peu s'en fallut, en effet, quoique l'amiral l'ignorât et n'eût eu d'autre motif en retournant en arrière que de rallier les vaisseaux qui portaient son matériel L'Angleterre, notre ancienne rivale, ne nous vit pas sans une certaine crainte embarquer près de 38,000 hommes d'infanterie et une immense quantité de provisions de toutes sortes ; elle fit agir ses représentants auprès de la cour de Turquie, et le sultan envoya à Alger un homme dévoué, qu'il chargea de déposer Hussein et de se faire reconnaître en sa place. Ce nouveau dey devait désavouer tout ce qu'avait fait son prédécesseur et accorder à la France la réparation qu'elle exigerait. Cet envoyé se nommait Tahir-Pacha ; il était grand amiral de l'empire ottoman.

Il n'y avait à l'exécution de ce plan qu'une difficulté, mais elle était grande. Il fallait que, malgré le blocus qui fermait le port d'Alger, l'envoyé du sultan pût pénétrer dans cette ville. Une frégate anglaise se chargea d'essayer de l'y conduire ; mais un petit bâtiment français lui barra le passage; et comme le blocus avait été officiellement déclaré à toutes les puissances, que le forcer devenait un cas de guerre, la frégate anglaise n'osa pas faire une chose aussi grave sans en avoir reçu l'ordre précis. Elle rebroussa donc chemin et conduisit à Toulon le pacha qui avait espéré remplacer Hussein.

La flotte française ayant rencontré la frégate montée par Tahir-Pacha, l'amiral Duperré invita ce prince à venir à bord de son vaisseau, *la Provence.* Tahir-Pacha s'y rendit et y fut reçu avec de grands honneurs. Il ne fut nullement question de la mission dans laquelle il venait d'échouer, et, après quelques heures passées sur la *Provence*, il quitta l'amiral, en lui souhaitant bonne chance. La France n'était pas en guerre avec la Turquie, mais seulement avec la régence d'Alger, vassale de la Sublime Porte.

La flotte continua sa route vers Alger ; mais le temps n'étant pas favorable, elle fut obligée de relâcher dans la baie de Palma. Enfin, après y avoir passé un temps qui parut bien long à l'impatience de l'armée, elle arriva devant Alger.

Cette ville a la forme d'un triangle, dont la base s'appuie à a mer et dont le sommet, terminé par le fort de la Casaubah, touche à la montagne. Elle est ainsi bâtie en amphithéâtre et s'aperçoit de fort loin.

Hussein contemplait du haut de la Casaubah le majestueux déploiement de la flotte et n'en paraissait point inquiet. Le mauvais succès des anciennes expéditions dirigées contre Alger le rassurait, en lui persuadant que Dieu combattrait en sa faveur et n'avait réuni contre lui un si grand nombre d'ennemis que pour rendre le désastre de ces chrétiens plus complet et plus irréparable.

Cependant il n'avait pas négligé les mesures commandées par la prudence; les beys avaient été sommés de se mettre en campagne, et, quoique les Arabes n'aimassent pas les Turcs, comme ils aimaient encore moins les chrétiens, ils avaient répondu à l'appel. Un autre motif les animait encore : ils comptaient sur un riche butin quand Allah leur aurait livré les infidèles.

Les escadres françaises se dirigèrent vers la presqu'île de Sidi-Féruch; elles croyaient avoir à essuyer le feu de l'ennemi, en s'approchant de la côte, mais elles reconnurent bientôt que ni la tour ni les batteries n'étaient armées, si ce n'est de canons en bois peint.

Le lendemain le débarquement eut lieu. Deux matelots, Sion et Brunon, eurent l'honneur de planter les premiers le drapeau français sur la terre d'Afrique. Le général Berthezène fut chargé d'enlever les batteries derrière lesquelles se tenaient les Arabes. Il fallut s'avancer sur un terrain couvert de hautes broussailles, de quartiers de rocher et de monticules, à l'abri desquels les Bédouins tiraient sans danger sur nos soldats. D'autres s'avançaient au galop de leurs rapides chevaux, déchargeaient leurs armes contre nos têtes de colonnes et repartaient à toute bride. Les voltigeurs français se trouvèrent un instant cernés par ces cavaliers; mais on accourut à leur aide, et ils furent dégagés.

Quatorze pièces de canon, exécutant contre nos troupes un feu continuel, nous eussent fait éprouver des pertes considérables; mais l'ordre de tourner la position fut donné, et quelques heures plus tard, ces batteries étaient au pouvoir des Français. Derrière ces batteries, des masses innombrables de Bédouins s'éparpillèrent dans la campagne, revenant à chaque instant contre les vainqueurs, par la manœuvre que nous avons déjà signalée. Cela dura jusqu'au soir. Tout alors rentra dans un calme dont les soldats du génie profitèrent pour élever les fortifications nécessaires à la sûreté du camp français.

Les Arabes étaient allés nous attendre plus loin; pendant le répit qu'ils laissaient à nos troupes, on acheva le débarquement des munitions et des vivres; on dressa des tentes, des baraques, des hangars destinés à servir d'hôpitaux; on creusa des puits, on établit des forges et des fours; et, comme pendant les longues guerres de la République et de l'Empire, le soldat français montra combien son esprit est fécond en ressources et son caractère propre à s'accommoder de tout.

Le quartier général s'installa dans le marabout de Sidi-Féruch. (Nos lecteurs savent qu'on donne le nom de marabouts aux tombeaux des personnages qui ont exercé cette sainte profession.) De cette petite chapelle partaient constamment des officiers chargés des ordres du général en chef, M. de Bourmont.

Les premières nuits furent, comme on peut le supposer, très-agitées. Plus d'une fois le cri d'un animal féroce fit croire à une attaque et mit tout le camp sous les armes. Au lever du soleil, on apercevait des groupes d'Arabes se répandant en grand nombre dans la plaine et sur les collines et s'approchant pour échanger avec leurs ennemis quelques coups de fusil. Une multitude de petits combats s'engageaient sur toute la ligne et se renouvelaient sans cesse jusqu'au soir.

Le 17 juin, une tempête s'éleva, tempête si terrible, que, si elle eût duré deux heures de plus, la flotte, selon le témoignage de l'amiral, eût été complétement détruite.

Peu de jours après, un marabout, vêtu de haillons, s'approcha du camp français en rampant à travers les broussailles. Aperçu et amené devant le général, il resta impassible, en répétant seulement: « Allah! Allah! C'est Allah qui l'a voulu! Qu'Allah soit béni! » Il croyait toucher à son dernier moment; on le rassura, on lui fit prendre quelque nourriture, car il était à jeun depuis soixante heures, et on lui demanda pourquoi il était venu.

— J'ai voulu savoir, dit-il, si vous venez en ennemis des Arabes et du culte de Mahomet. Nous n'aimons pas les Turcs; mais nous resterons avec eux, si les chrétiens menacent notre liberté et notre religion.

On lui répondit que l'intention de la France était de respecter leur culte et leurs habitudes. Il en parut joyeux et demanda à retourner parmi les siens, afin de les en instruire, ce qui lui fut aussitôt accordé. Il partit en bénissant les Français, car jusqu'au dernier moment il avait craint qu'on ne le retînt prisonnier.

Un de nos interprètes obtint la permission de chercher aussi à pénétrer parmi les Arabes; il espérait les amener à d'heureuses négociations; mais, livré aux Turcs, il fut conduit à Hussein-Pacha, qui, après l'avoir interrogé sur les forces de l'armée, le fit mettre à mort.

Les Turcs, campés à Staouéli, avaient réuni, en y comprenant les Bédouins et les Kabyles, plus de 55,000 hommes. Forts de la supériorité de leur nombre et enhardis par l'inaction des Français, ils résolurent de les attaquer, et les attaquèrent, en effet, le 19, avec une audace et une énergie extraordinaires. Mais les troupes françaises étaient prêtes à les recevoir, et, après les avoir repoussés, elles fondirent sur leur camp et s'en emparèrent sans coup férir. Les Turcs s'enfuirent jusqu'à Alger; mais Hussein-Pacha leur en fit fermer les portes. Le janissaire-aga, son gendre, fut seul introduit dans la ville Le dey se le fit amener, et, le raillant amèrement, il lui demanda s'il avait jeté à la mer tous les chrétiens, comme il s'en était vanté, ou s'il les avait massacrés jusqu'au dernier.

— Qu'aurais-je pu faire? répondit l'aga. Je me suis rué sur eux avec mes troupes, et ils n'ont pas bougé.

Hussein entra dans une terrible colère; il traita son gendre de lâche, l'appela chien et lui cracha au visage; mais tel est le respect que les Musulmans portent à l'autorité paternelle, que l'aga subit sans murmurer cet indigne traitement.

L'artillerie de siége n'étant pas encore débarquée entièrement, l'attaque d'Alger fut différée. Les Turcs et les Arabes, reprenant confiance, reparurent le 24. Ils furent encore repoussés, et les Français s'avancèrent jusqu'à quelques kilomètres de la ville. Ce jour-là, le général en chef perdit l'un de ses fils, au fort de la mêlée.

Le matériel de siége ne fut complétement mis à terre que le 26. Le lendemain, une nouvelle tempête menaça nos vaisseaux et rendit encore une fois l'espoir aux ennemis. Le 29, nos soldats reprirent l'offensive.

Les Turcs et les Arabes s'étaient retirés sur les cimes escarpées du Boudjaréah. Pour les en déloger, il fallait gravir, par des sentiers à peine tracés, un terrain bouleversé d'accidents de toutes sortes. Les Français y parvinrent après des fatigues inouïes, et le Boudjaréah leur fut abandonné.

De là, ils virent Alger, dont les murailles et les maisons blanches se détachaient sur un fond de verdure; ils distinguèrent la Casaubah, le Môle, le fort de l'Empereur, qui était alors la clef de la ville. Un grand nombre de maisons de campagne, entourées d'une riche végétation, semblaient être autant de palais; à gauche de l'armée, la mer calme et bleue bornait l'horizon ; en face s'étendait la plaine de la Mitidja, et à droite les noirs sommets de l'Atlas.

Le fort de l'Empereur ou Sultan-Kalassi, bâti sur un roc élevé et défendu par de nombreux canons, était entouré de jardins, de champs cultivés, de propriétés diverses, dont les fortes haies de cactus et d'agaves formaient autant de barrières difficiles à franchir ; mais les Turcs ne surent pas utiliser pour leur défense ces accidents de terrain. Ils croyaient leur fort imprenable, et dédaignaient de recourir à ces petits moyens.

Les Français commencèrent par s'emparer de quelques maisons situées à cinq cents mètres du fort de l'Empereur, et l'on se mit à creuser des tranchées, en utilisant pour cet usage les sentiers encaissés, selon la coutume du pays, entre deux talus surmontés d'une haie. Pendant les trois jours suivants, les travaux furent continués, malgré les efforts des assiégés.

La garnison de Sultan-Kalassi était de deux mille hommes, commandés par un des grands dignitaires de la régence, vieillard d'un caractère ferme et hardi. Les indigènes ne s'effrayaient pas de voir nos soldats si près d'eux ; ils éprouvaient même un certain mépris pour eux en les voyant creuser des tranchées, au lieu d'élever, pour attaquer Sultan-Kalassi, un fort aussi considérable que Sultan-Kalassi même.

La flotte devait attaquer les forts de la Côte et de la Marine, pendant que l'armée enlèverait celui de l'Empereur. Le 4 juillet eut lieu cette attaque décisive. Dès que nos batteries furent démasquées, un feu terrible commença ; les assiégés y répondirent de leur mieux ; mais presque tous nos coups frappaient juste, et bientôt ces murailles dans la solidité desquelles ils avaient mis tant de confiance se fendirent et menacèrent de s'écrouler. La garnison voulait se rendre, le commandant s'y opposa, et son yatagan condamna les plus mutins au silence. Enfin, ne pouvant tenir plus longtemps, il se décida à la

4

retraite, fit enlever ses morts et ses blessés et se dirigea vers la Casaubah.

Dès que Hussein les aperçut, il fit tirer sur eux à mitraille, pour les punir d'avoir abandonné le fort. Un nègre seulement y était resté; il regardait de temps en temps par les embrasures quel était l'état des murailles; quand il les vit prêtes à crouler, il enleva les drapeaux qui couronnaient Sultan-Kalassi, et, mettant le feu aux poudres, il fit sauter la forteresse.

Alors, Hussein-Pacha, ne pouvant plus se faire illusion sur le danger qui le menaçait, envoya dire au général en chef et à l'amiral qu'il était prêt à donner à la France les satisfactions qu'elle exigeait; mais M. de Bourmont et M. Duperré répondirent qu'il n'était plus temps, et que si Alger ne se rendait pas, les Français le prendraient d'assaut. L'envoyé, n'ayant pas de pouvoirs pour traiter, retourna vers le dey, en s'engageant à revenir bientôt. Il revint, en effet, accompagné de deux Maures, du consul et du vice-consul d'Angleterre. Le consul n'avait aucune mission officielle; il se présentait aux généraux français, parce que le dey l'en avait prié.

Les conditions furent posées, et les envoyés de Hussein rentrèrent une seconde fois dans la ville; seulement, le général en chef leur adjoignit l'interprète Braskewitz, qu'il chargea de faire connaître au dey le texte de la capitulation.

M. de Bourmont ayant témoigné quelque doute sur l'adhésion de Hussein, l'un des envoyés lui dit, avec le plus grand calme :

— Veux-tu que je t'apporte tout à l'heure le traité d'une main et de l'autre la tête du dey?

— A Dieu ne plaise, s'écria le général en chef, que je veuille la mort de personne hors du champ de bataille!

Cette réponse et l'animation avec laquelle elle était faite

étonnèrent le Turc, autant que sa proposition avait étonné M. de Bourmont.

« Sur les cinq heures environ, dit l'envoyé français dans la relation qu'il fit plus tard de sa mission, j'arrivai à la Porte-Neuve, qui ne me fut ouverte qu'après beaucoup de difficultés. Je me trouvai au milieu d'une troupe de janissaires en fureur. Ceux qui me précédaient avaient peine à faire écarter devant moi la foule de Maures, de Juifs et d'Arabes qui se pressaient à mes côtés. Pendant que je montais la rampe étroite qui conduit à la Casaubah, je n'entendis que des cris d'effroi, de menace et d'imprécations qui retentissaient au loin, et qui augmentaient à mesure que nous approchions de la place. Ce ne fut pas sans peine que nous parvînmes aux remparts de la citadelle; Sidi-Mustapha, qui marchait devant moi, s'en fit ouvrir les portes, et elles furent, après notre entrée, aussitôt refermées sur la populace qui les assiégeait. La cour du divan, où je fus conduit, était remplie de janissaires. Hussein était à sa place accoutumée. Il avait debout autour de lui ses ministres et quelques consuls étrangers; l'irritation était violente. Le dey seul me parut calme, mais triste. Il imposa le silence de la main, et, tout aussitôt, me fit signe d'approcher, avec une expression très-prononcée d'anxiété et d'impatience. Il avait à la main les conditions écrites sous la dictée de M. de Bourmont. Après avoir salué le dey et lui avoir adressé quelques mots respectueux sur la mission dont j'étais chargé, je lus en arabe les articles suivants, avec un ton de voix que je m'efforçai de rendre le plus assuré possible.

« 1° L'armée française prendra possession de la ville d'Alger, de la Casaubah et de tous les forts qui en dépendent, ainsi que de toutes les propriétés publiques, demain 5 juillet 1830, à dix heures du matin, heure française.

« Les premiers mots de cet article excitèrent une rumeur sourde, qui augmenta quand je prononçai les mots: A dix heures du matin. Le dey réprima ce mouvement; je continuai :

« 2° La religion et les coutumes des Algériens seront respectées; aucun militaire ne pourra entrer dans les mosquées.

« Cet article excita une satisfaction générale. Le dey regarda toutes les personnes qui l'entouraient, comme pour jouir de leur approbation, et me fit signe de continuer.

« 3° Le dey et les Turcs devront quitter Alger dans le plus bref délai.

« A ces mots, un cri de rage retentit de toutes parts. Le dey pâlit, se leva et jeta autour de lui des regards inquiets. On n'entendait que ces mots, répétés avec fureur par les janissaires : El mout ! el mout ! (La mort ! la mort !) Je me retournai au bruit des yatagans et des poignards qu'on tirait des fourreaux, et je vis leurs lames briller au-dessus de ma tête. Je m'efforçai de conserver une contenance ferme et je regardai fixement le dey ; il comprit l'expression de mon regard, et, prévoyant les malheurs qui allaient en résulter, il descendit de son divan, s'avança d'un air furieux vers cette multitude effrénée, ordonna le silence d'une voix forte et me fit signe de continuer. Ce ne fut pas sans peine que je fis entendre la suite de l'article, qui ramena un peu de calme :

« On leur garantit la conservation de leurs richesses personnelles ; ils seront libres de choisir le lieu de leur retraite. »

Ce dernier paragraphe remit un peu de calme dans les esprits. Les janissaires se réunirent par groupes et discutèrent les termes du traité, duquel ils craignaient qu'on ne pût faire quelque autre interprétation, et parurent enfin satisfaits.

Hussein apposa son sceau sur la capitulation et la remit à l'interprète. Ceux qui l'avaient amené le reconduisirent jusqu'aux avant-postes français. Le lendemain, le dey fit demander un sursis de quelques heures, en disant que plusieurs points du traité lui paraissaient obscurs. M. de Bourmont envoya un nouvel interprète ; il l'autorisa à dire au pacha que les troupes n'entreraient dans la ville qu'à midi, et qu'il serait permis à Hussein de rester dans la Casaubah, avec le général en chef.

Le dey ne profita point de cette permission; il fit à la hâte sortir d'Alger ses femmes et ses trésors; les grands l'imitèrent; et au moment où les Français se présentaient aux portes d'Alger, la Casaubah était déserte, à l'exception des esclaves, qui achevaient d'enlever les meubles du dey et des principaux dignitaires.

Le grand trésorier attendait dans la cour de la citadelle l'arrivée du général en chef. Il lui remit les clefs du trésor, et M. de Bourmont les déposa aussitôt entre les mains d'une commission chargée de dresser l'inventaire de ce que ce trésor renfermait. Le trésorier jura sur le Coran qu'il laissait intact le dépôt dont il avait eu la garde et qu'il n'y avait aucune valeur cachée dans quelque autre partie que ce fût de la citadelle.

Trois salles contenaient, dans de grands coffres scellés aux murailles, 48,684,527 fr., en monnaie d'or, d'argent, de billon, de toutes les dates et de tous les pays. Cette somme servit à payer les frais de la guerre.

On laissa aux Juifs et aux Maures qui habitaient la ville leurs chefs et leurs tribunaux; mais ceux des Turcs furent supprimés. Il avait été convenu que ces derniers quitteraient Alger dans le plus bref délai; cependant on accorda à ceux qui étaient mariés la permission d'y rester, et l'on paya à tous trois mois de solde, dès qu'ils eurent fait la remise de leurs armes.

Hussein-Pacha partit quelques jours après pour Naples, après avoir montré beaucoup de noblesse et de résignation dans son malheur. Il était âgé de près de soixante-dix ans. Au moment où la barque qui devait le conduire au vaisseau chargé de l'emmener quitta le rivage, il abaissa vivement sur son front le capuchon de son burnous, sans doute pour cacher à ceux qui l'entouraient les larmes que lui arrachait ce premier pas vers l'exil.

Les Turcs de la milice furent embarqués peu de temps après pour le Levant, et, soit orgueil, soit courage, ils ne firent entendre ni plaintes ni murmures.

Avant de partir, Hussein avait averti M. de Bourmont de se défier du bey de Titterie. « Il n'a qu'une qualité, avait-il dit, c'est celle d'être Turc. » Le bey de Titterie, peut-être informé de cette circonstance, se hâta de venir faire sa soumission, et en réclama pour prix l'adjonction de la ville de Blidah à son beylik. Le général français refusa. Aussitôt le bey lança contre cette petite ville des Kabyles, qui en inquiétèrent les habitants. Il espérait que Blidah réclamerait sa protection; mais elle implora celle des Français. M. de Bourmont répondit à cette prière en marchant lui-même au secours de la ville. Il y fut bien reçu; mais le bey ayant fait courir le bruit que les Français venaient dans l'intention de piller les tribus, les Kabyles descendirent de leurs montagnes, attaquèrent les troupes peu nombreuses que commandait M. de Bourmont, et leur firent éprouver des pertes qu'ils eurent soin d'exagérer.

D'un autre côté, les priviléges accordés aux Juifs et aux Maures d'Alger mécontentèrent les Arabes et blessèrent leur fierté. Ils n'avaient supporté qu'avec peine le joug des Turcs; ils s'en trouvaient délivrés et jugeaient à propos de ne pas se laisser asservir par les vainqueurs de Hussein. Les plus ambitieux d'entre eux pensaient même à chasser ces nouveaux venus et à saisir le pouvoir que les Turcs n'avaient pas su garder. Ceux-ci avaient peu de partisans, mais ils en avaient, et l'espèce d'échec essuyé par les Français, au retour de Blidah, les enhardit à conspirer.

La rigueur que le général en chef eut à employer contre les conspirateurs excita de nouveaux mécontentements, que le bey de Titterie sut exploiter de telle sorte, que presque tout le pays fut bientôt soulevé contre les vainqueurs. Il eût fallu agir vigoureusement pour remettre les tribus à la raison; mais le général en chef, préoccupé de ce qui se passait en France, où se préparait la chute d'une dynastie, ne jouissait pas d'une assez complète liberté d'esprit pour déployer toute l'énergie désirable.

Cependant deux expéditions furent dirigées, l'une vers Oran, l'autre vers Bone.

Le bey d'Oran, incapable de soumettre les Arabes de son beylik, qui s'étaient soulevés, demanda du secours aux Français, en leur offrant de reconnaître leur suzeraineté comme il avait longtemps reconnu celle du dey d'Alger. Le général en chef envoya l'un de ses fils, le capitaine de Bourmont, pour traiter avec le bey Hassan. L'équipage du vaisseau *le Dragon*, étant descendu à terre, s'empara du fort de Mers-el-Kébir, qui commandait la ville d'Oran; les rebelles se soumirent; mais dès que les Français se furent éloignés, les Arabes s'armèrent de nouveau, et il fallut envoyer contre eux des forces plus considérables.

Les habitants de Bone témoignant des dispositions favorables aux Français, le général Damrémont fut envoyé dans leur ville et y reçut bon accueil. Mais il y était à peine installé, que les Arabes vinrent l'y attaquer. Il les repoussa à plusieurs reprises, et, fatigué de ne pouvoir continuer les travaux qu'il avait fait entreprendre, harcelé qu'il était sans cesse par les tribus, à la tête desquelles s'était mis le bey de Constantine, il se mit à leur poursuite. Il les chassa des ruines d'une mosquée où ils s'étaient retirés; mais comme on ne pouvait transporter d'artillerie sur ce point, il l'abandonna.

Pendant plusieurs jours, les Arabes revinrent à la charge. Toujours repoussés avec perte, ils ne se montrèrent plus que hors de la portée de fusil.

Les choses en étaient là quand le général en chef reçut la nouvelle de la révolution qui venait de s'accomplir en France, révolution à la suite de laquelle le vieux roi Charles X reprenait, encore une fois, le chemin de l'exil. La prudence commandait à M. de Bourmont de réunir toutes ses forces; il suivit son conseil et rappela à Alger les corps expéditionnaires de Bone et d'Oran.

Presque aussitôt le nouveau gouvernement destitua M. de Bourmont et le remplaça par le général Clauzel.

V.

Expédition de Médéah. — Passage du col de Mouzaïa.

Pendant les premiers temps de leur séjour à Alger, nos soldats eurent beaucoup à souffrir. Leur victoire, qui devait avoir par la suite de si grands résultats, ne leur avait apporté aucun avantage immédiat. Il n'y avait dans la ville ni vin ni liqueurs fermentées; s'il y avait des grains, ils étaient presque tous avariés, et la farine que produisait le froment resté sain était tellement grossière, obtenue à la manière arabe par le frottement de deux pierres, que les Français ne pouvaient en manger le pain.

Le bey de Titterie, lors de sa feinte soumission, offrit au général en chef un certain nombre de bœufs, présent dont personne ne songea à contester la valeur et l'opportunité; car c'était à peu près la seule ressource que l'armée victorieuse eût jusque-là rencontrée. En revanche, les magasins de la ville étaient remplis de choses dont on ne pouvait tirer parti, dans ce moment du moins : ainsi des ballots de laine, des caisses de cire, des étoffes de soie, d'or et d'argent, des tapis, des meubles précieux.

La marine ne cessait de transporter de France en Algérie des approvisionnements qu'elle débarquait dans la presqu'île de Sidi-Féruch. De là on les conduisait à Alger; mais pour soustraire ces convois à l'avidité des Arabes, il fallait les faire escorter par des détachements considérables. Encore ces détachements étaient-ils presque toujours harcelés par ces terribles ennemis qui, grâce à la rapidité de leurs chevaux, disparaissaient après avoir jeté la mort dans les rangs français.

La chaleur rendait, d'ailleurs, ces transports très-pénibles. On était au mois de juillet; l'eau était rare, et, pour apaiser leur soif, les soldats se jetaient sur les fruits que la campagne fournissait en abondance. Il en résulta des dyssenteries, qui causèrent de grandes pertes à l'armée. L'extrême fraîcheur des nuits, les changements d'une température brûlante dans les vallées, glaciale sur les montagnes, engendrèrent des fièvres nombreuses. Les Arabes se réjouirent encore une fois, dans la pensée que leur Dieu allait enfin se déclarer contre les chrétiens et les frapper si cruellement, que, pour ne pas périr tous, ils se hâteraient de retourner dans leur pays.

Les Français commençaient à éprouver les atteintes du découragement. Ce que leur caractère leur rend le plus lourd à supporter, c'est l'ennui, et ils s'ennuyaient beaucoup à Alger. La différence de mœurs et de religion leur fermait toutes les portes et les privait de toute espèce de distractions. Ils n'avaient même plus celle des revues, des parades, des grandes revues; on évitait toutes ces fêtes militaires pour ne point irriter la population.

Par bonheur l'abattement du soldat français ne dure guère ; son imagination féconde en ressources, sa gaîté naturelle reprennent bientôt le dessus, et il finit par s'amuser de tout ce qui l'avait d'abord attristé. Si alors on parle de recommencer à combattre, il est prêt; si, au lieu du fusil, on lui met en main la pioche ou la pelle, il l'accepte, sinon avec le même enthousiasme, du moins avec la même bonne volonté.

Le général Clauzel, qui venait de remplacer M. de Bourmont, avait glorieusement fait ses preuves dans l'armée d'Italie, sous Bonaparte, puis en Autriche, en Prusse, en Russie, en Espagne, en Saxe; partout, en un mot, où s'étaient promenées nos armées victorieuses. En 1814, Napoléon s'était promis de lui donner prochainement le bâton de maréchal. Sa réputation l'avait précédé en Afrique.

Après avoir fait reconnaître par l'armée le gouvernement de Louis-Philippe, il s'occupa d'organiser toutes choses. Il créa autour d'Alger des postes militaires et forma, sous le nom de zouaves, deux bataillons indigènes, qu'il plaça sous les ordres des capitaines Maumet et Duvivier. Ces deux bataillons devinrent le noyau des plus brillantes troupes qu'il y ait au monde. Il régularisa ensuite le pouvoir des tribunaux, mit de l'ordre dans les impôts, rétablit la ferme modèle qui avait existé sous le règne de Hussein, et institua la police de la ville.

Cela fait, il se mit à la tête d'un corps de huit mille hommes et marcha contre le bey de Titterie, qui cherchait sans cesse à nous susciter de nouveaux ennemis. Bou-Mezrag (c'était le nom de cet ambitieux) prétendait succéder à Hussein-Pacha, et déjà il avait voulu faire reconnaître son autorité par le bey de Constantine.

Le général se dirigea vers Blidah. Près de cette ville, une armée d'Arabes était rassemblée. Ils ne voulaient point empêcher les Français de châtier le bey de Titterie ; mais ils leur envoyèrent défendre de rien tenter contre Blidah Dès que leur parlementaire se fut acquitté de sa mission, les Français, qui ne pouvaient recevoir d'eux ni ordre ni défense, attaquèrent la ville et s'en emparèrent. Le lendemain, comme ils allaient poursuivre leur route vers Médéah, ville libre, dans laquelle Bou-Mezrag avait établi sa résidence, ils furent assaillis par une nuée d'Arabes et de Kabyles, embusqués dans les jardins qui entouraient Blidah. Pour combattre efficacement ces ennemis, il fallut abattre et brûler les haies derrière lesquelles ils s'abritaient et ravager ces jardins, les plus beaux qu'on pût voir. Blidah est situé à l'entrée d'une vallée très-profonde, au pied du petit Atlas. Des bosquets d'orangers l'entourent, et la végétation, favorisée par des eaux abondantes, y est de la plus rare magnificence. La position élevée de cette ville la rend importante comme point de surveillance sur la plaine. Cependant, elle ne fut définitivement occupée par les Français qu'en 1839.

Pour punir les tribus de leur mauvais vouloir, et leur inspirer la crainte de nos armes, le général Clauzel ordonna une razzia contre celle des Beni-Salah. La razzia est une opération militaire assez usitée parmi les tribus arabes. Elle consiste à vider les silos de l'ennemi, c'est-à-dire les trous profonds dans lesquels, une fois la récolte terminée, il a enfoui le grain qui doit le faire vivre, lui et sa famille, pendant toute l'année. Comme il est facile de le supposer, cette opération ne s'exécute pas sans une résistance extrême de la part de celui qu'on veut dépouiller. Il y a bien des coups de fusil échangés, bien des morts, des blessés et des prisonniers.

Les Beni-Salah qui tombèrent entre les mains des Français ne furent pas traités avec la générosité dont nos soldats ont l'habitude de faire preuve après le combat. Un certain nombre de ces malheureux furent mis à mort, soit qu'on voulût se venger de la cruauté avec laquelle ils traitaient eux-mêmes ceux des nôtres dont ils s'emparaient, soit plutôt qu'on crût nécessaire d'agir sur les tribus par la terreur.

Le muphti de Blidah, qui se trouvait parmi les captifs, allait avoir le même sort, quand il se plaignit de l'ingratitude des chrétiens, pour lesquels, disait-il, il avait cherché à inspirer aux Arabes de bons sentiments. On le conduisit au général en chef, qui le fit mettre en liberté. Il revint peu de temps après, accompagné de plusieurs chefs kabyles qui firent leur soumission aux Français.

L'armée laissa une garnison à Blidah et continua de s'avancer vers Médéah.

Médéah, située à une journée de marche de Blidah, est bâtie en amphithéâtre sur un plateau incliné. On y voit encore des ruines attestant que les Romains en avaient fait une forteresse. La chaleur et le froid s'y font vivement sentir; cependant, comme elle est entourée de coteaux qui produisent un raisin excellent, et que la partie basse en est parfaitement arrosée et très-fertile, un marabout qui a laissé, sur chacune des villes de la régence, un jugement devenu populaire chez les Arabes, a dit de celle-ci : « Médéah, ville d'abondance. Si le mal y entre le matin, il en sort le soir. »

Entre Blidah et Médéah se trouve un défilé très-escarpé, formé par la première chaîne de l'Atlas et nommé le col de Mouzaïa. Le bey de Titterie échelonna ses troupes dans cette gorge de telle sorte, que, pour la franchir, les Français devaient donner plusieurs assauts. La position occupée par les tribus était formidable; mais, animés par quelques chaudes paroles du général en chef, les Français se précipitèrent au pas de charge vers ces pentes presque inaccessibles et si bien gardées. Rien ne les étonne, rien ne les arrête, ils sont tous prêts à mourir pour l'honneur de leur drapeau. Ceux qui tombent sont aussitôt remplacés ; les officiers donnent l'exemple d'une intrépidité, d'une audace incroyables. Les troupes arrivent sur le plateau, une lutte terrible va s'engager ; mais l'ennemi, effrayé de tant de résolution, s'enfuit de tous côtés.

Pendant qu'une partie de l'armée s'élance à la poursuite des fuyards, l'autre prend possession des postes abandonnés et y plante le drapeau français. Le jour même, plusieurs chefs kabyles, éblouis de l'éclat de cette victoire, arrivent vers les vainqueurs et demandent à voir le général en chef. Amenés auprès de lui, ils s'inclinent : « Allah est avec toi ! s'écrient-ils. Nous sommes prêts à t'obéir. »

Ils donnent en même temps des renseignements sur la force des troupes qui gardaient le défilé et indiquent de quel côté se sont dirigés Bou-Mezrag et son fils, qui les commandaient.

Le général Clauzel, profitant de la confiance et de l'ardeur qu'un si beau succès a donnés à ses soldats, continue, dès le lendemain, sa marche sur Médéah, après avoir laissé des forces à la garde du col de Mouzaïa. Il rencontre les Arabes, avantageusement couverts par un bois d'oliviers ; il les en chasse et leur fait éprouver des pertes considérables. Médéah n'attendit pas l'arrivée de ces redoutables Français auxquels rien ne pouvait résister ; elle envoya à leur rencontre un marabout chargé de faire sa soumission. Ce marabout ayant été fort bien accueilli, plusieurs autres personnages considérables se présentèrent ensuite devant le général en chef et s'engagèrent à lui obéir en tout.

Le général Clauzel exigea qu'un nouveau bey fût installé à la place de Bou-Mezrag ; aucune opposition n'ayant eu lieu, la ville fut épargnée.

Quelques jours de repos furent accordés à nos soldats, que les habitants de Médéah traitèrent de leur mieux. Avant que l'armée se remît en route, Bou-Mezrag, humble et repentant, vint demander une audience au général en chef. Celui-ci lui reprocha sa trahison et lui demanda quel châtiment il avait mérité.

— Si je n'avais pas trahi mes serments, répondit le vaincu, tu n'aurais pas eu la gloire de franchir l'Atlas et d'en chasser mon drapeau.

C'était la meilleure excuse qu'il pût invoquer : le général lui fit grâce de la vie, mais les janissaires qui avaient combattu pour lui furent désarmés et emmenés avec lui et sa famille.

Le but de l'expédition étant atteint, les troupes reprirent le chemin d'Alger et repassèrent par Blidah. Le colonel Rulhières, qui y avait été laissé, avait eu à repousser les attaques d'une multitude de Kabyles. Il n'avait que peu de soldats ; mais les habitants se mirent de son côté, espérant qu'au retour le général en chef laisserait dans leur ville une garnison qui pût les préserver de la vengeance des Kabyles. Le général ne jugea pas à propos de céder à leur demande, et ces pauvres gens, sachant tout ce qu'ils avaient à craindre des tribus farouches qu'ils avaient repoussées, aimèrent mieux abandonner Blidah que de les y attendre. Ils suivirent l'armée jusqu'à Alger, s'établirent aux environs et ne regagnèrent leur ville que quand tout le pays fut soumis aux Français.

Le général Clauzel entra triomphant à Alger, suivi du bey vaincu, de ses troupes désarmées, des prisonniers et des troupeaux enlevés aux tribus. Ce spectacle devait contribuer à inspirer une haute idée de la puissance des armes françaises.

Deux brigades, escortant un convoi considérable de munitions et de vivres, quittèrent Alger presque aussitôt et se dirigèrent vers Médéah, où l'on n'avait pu laisser que peu de troupes sous le commandement du colonel Marion. Ces deux brigades arrivèrent sans avoir rencontré d'obstacles sérieux ; on les attendait avec impatience. La garnison de Médéah avait été attaquée à diverses reprises par les Arabes, et il lui restait à peine quelques cartouches. Cette garnison fut renforcée, et le petit corps de ravitaillement revint à Alger sans avoir trouvé l'occasion de combattre.

Le général Damrémont, envoyé au secours du bey d'Oran, que les Arabes inquiétaient toujours, reprit le fort de Mers-el-Kébir, s'empara de celui de Saint-Grégoire et entra à Oran quelques jours après. Le bey Hassan était vieux et fatigué, d'ailleurs, de lutter sans cesse contre des rebelles. Le général Damrémont, chargé de négocier avec lui, obtint qu'il renonçât au pouvoir. Le plan du général en chef était de lier aux intérêts de la France ceux du bey de Tunis, qui se montrait favorable à notre domination en Algérie. Le beylik d'Oran fut cédé à l'un des parents de ce prince, moyennant une redevance annuelle d'un million de francs. Le général Clauzel traita aussi de la cession du beylik de Constantine en faveur de Sidi-Mustapha, protégé, comme le nouveau bey d'Oran, par celui de Tunis.

Mais le bey de Constantine n'accepta pas tranquillement sa destitution, et l'armée d'Afrique ayant été réduite de douze régiments par le gouvernement de Louis-Philippe, le général Clauzel ne put la lui imposer. Il fut même obligé de renoncer à l'occupation de Médéah, et, laissant le commandement au général Berthezène, il quitta l'Algérie quelque temps après.

VI.

Commandement du général Berthezène et du duc de Rovigo.

Après le départ des douze régiments rappelés en France, il restait à peine 10,000 hommes à notre armée d'Afrique. Les Arabes, que les succès du général Clauzel avait intimidés, en leur faisant croire qu'Allah protégeait les Français, les Arabes, toujours prêts à combattre, relevèrent la tête, et regardèrent ce premier départ de nos troupes comme l'augure d'une prochaine délivrance. Les chrétiens n'auraient pas plus tôt abandonné la terre d'Afrique, qu'ils y reconstruiraient leur ancienne nationalité et se retrouveraient définitivement les maîtres chez eux. Les marabouts faisaient briller cet espoir aux yeux des tribus; partout ils étaient écoutés avec enthousiasme, et chacun se préparait à la guerre sainte.

Pendant que cela se passait sons les tentes des Bédouins et dans les montagnes des Kabyles, la population d'Alger, qui voyait aussi l'affaiblissement de l'armée française, parlait tout bas du retour probable de Hussein-Pacha. On savait que la France commençait à trouver trop onéreuse la conquête de l'Algérie, et l'on attendait le moment où elle y renoncerait.

Le découragement que les succès du général Clauzel avaient banni du cœur de nos soldats, y pénétrait de nouveau. Pourquoi tant de sueurs, tant de fatigues, tant de sang, si ces héroïques efforts ne devaient profiter ni à la gloire ni à la prospérité de la patrie ?

Telle était la disposition des esprits, tant parmi les indigènes que parmi les Français, quand le général Berthezène prit le commandement.

Il essaya de relever le moral de ses troupes par quelques excursions dans la plaine de la Mitidja, puis il tourna ses vues vers Médéah, que son prédécesseur avait été obligé d'abandonner. Le bey qui avait remplacé Bou-Mezrag dans cette ville ne fut pas plus tôt privé du secours des Français, auxquels il devait son investiture, qu'il vit s'élever contre lui de nombreux ennemis. Le plus redoutable de tous fut un fils de Bou-Mezrag, qui n'avait pas été emmené avec sa famille. Il se mit à la tête d'un certain nombre de Turcs et de Koulouglis, demanda l'aide des Arabes, l'obtint, et vint attaquer le nouveau bey. Celui-ci n'était pas un homme de guerre, c'était tout simplement un ancien marchand. Il se défendit cependant du mieux qu'il put ; mais, vivement pressé par son adversaire, il n'eut bientôt plus pour ressource que la protection des Français. Il la réclama avec tant d'instance, que le général Berthezène, ayant reçu quelques renforts, lui envoya deux brigades. Elles gagnèrent la ville, dont on leur ouvrit les portes avec empressement. Les Arabes, à leur approche, s'étaient retirés sur le plateau d'Haoura, dans une position presque inaccessible. Les Français les y attaquèrent et les mirent en déroute; mais quand, abandonnant les hauteurs, ils reprirent le chemin de Médéah, les Kabyles crurent qu'ils avaient peur, et, se ralliant aussitôt, ils fondirent de tous côtés sur la colonne et la harcelèrent jusqu'à Médéah. Leur nombre grossissant de jour en jour, le général ne crut pas devoir attendre qu'ils attaquassent la ville; il en sortit le 2 juillet 1831 et reprit le chemin d'Alger. A peine eut-il franchi le col de Mouzaïa, que les Arabes s'en emparèrent, se répandirent sur les hauteurs qui dominent la route et tombèrent sur l'arrière-garde française. Celle-ci rejoignit à la hâte le corps d'armée, toujours poursuivi par les Arabes, dont les cris furieux mirent partout la terreur. On se crut tombé dans quelque embuscade, et, au lieu d'attendre bravement l'ennemi ou de marcher au-devant de lui, on chercha à lui échapper.

Le commandant Duvivier s'élança alors avec ses zouaves en dehors de la colonne et barra le passage aux Arabes en les recevant à la baïonnette. Grâce à son héroïque valeur, la retraite s'effectua sans encombre. Quand il rejoignit le corps expéditionnaire, il parla de la nécessité d'effacer cet échec moral en reprenant aussitôt l'offensive; mais son avis ne prévalut point, et l'on rentra dans Alger, après avoir, pour toute victoire, repoussé les Arabes embusqués dans un bois.

Cette expédition produisit le plus mauvais effet et effaça presque le souvenir des succès de la France. De tous côtés surgirent de nouveaux ennemis, qui, s'enhardissant de notre inaction, se rapprochèrent d'Alger de telle sorte, que cette ville en fut presque assiégée. Le fils de Bou-Mezrag établit son camp à Bouffarick, un autre se forma à Blidah, et chaque jour des nuées d'Arabes, sortis de ces deux camps, venaient rôder autour des établissements français.

Hésiter plus longtemps à les repousser, c'était se perdre tout à fait; le général le comprit, et, sortant d'Alger, à la tête de ses troupes, il tomba sur Ben-Zamoun, chef du camp de

Blidah, le vainquit et dispersa ses soldats. Bou-Mezrag, plus heureux que Ben-Zamoun, rétablit son pouvoir à Médéah. D'un autre côté, le bey de Constantine cherchait à profiter des circonstances pour étendre son autorité.

Le beylik de Constantine était le plus considérable de la régence d'Alger. Bornée au nord par la Méditerranée, à l'est par les Etats de Tunis, à l'ouest par la chaîne du Jurjura, l'un des prolongements du grand Atlas, et au sud par le désert de Sahara, arrosée par un grand nombre de rivières, cette province était riche, fertile et peuplée.

La ville de Constantine est bâtie sur un plateau entouré de rochers, dans une presqu'île formée par l'Oued-Rummel. Cette rivière, coulant au fond d'un ravin, défend l'approche des murailles. Constantine a, selon les Arabes, la forme d'un burnous déployé dont le capuchon est représenté par la Casaubah. Elle était, du temps des Romains, la plus riche et la plus forte ville de la Numidie. Massinissa y faisait sa résidence. C'est de cette position importante que Métellus et Marius dirigèrent, avec succès, la guerre contre Jugurtha, qui tenta vainement de s'en emparer. Elle fut détruite sous le règne de Maxence, dans la lutte qu'il eut à soutenir contre un usurpateur, et rétablie par Constantin, qui lui donna son nom. Elle avait jusque-là porté celui de Cirta.

Bone, la seconde ville de la province, a été bâtie à peu de distance d'Hippone, dont saint Augustin illustra le siége épiscopal. Elle a été la résidence de plusieurs rois de Numidie et a joué un rôle important dans les guerres du pays.

Bone, évacuée par les Français à la nouvelle de la révolution de Juillet, envoya au général Berthezène des députés chargés de lui dire que, pressée par le bey de Constantine, qui voulait s'en emparer, et menacée par les tribus, elle désirait se donner à la France; mais que pour faire sa soumission en toute sécurité, elle avait besoin de renforcer sa garnison d'une centaine de zouaves indigènes seulement. Le général leur en donna 125, qui partirent sous les ordres du commandant Houder et du capitaine Bigot. Celui qui avait fait demander ce secours était un ambitieux qui voulait, en corrompant les zouaves, s'élever au pouvoir. Il fut dénoncé par un ancien bey de Constantine, nommé Ibrahim, dont on récompensa la trahison par une assez forte somme d'argent. A peine Ibrahim l'eut-il reçue, qu'il s'en servit pour acheter la garnison. Les officiers français, abandonnés par les zouaves, furent mis à mort. Presque au même moment, un nouveau bataillon débarquait à Bone, sous le commandement du brave Duvivier. En apprenant le sort de ses confrères, il voulut les venger ; mais les capitaines de la marine qui l'avaient amené, lui et ses soldats, n'ayant pas reçu d'ordres à cet égard, ne crurent pas devoir lui venir en aide. Il fut donc obligé d'y renoncer, et revint à Alger, la mort dans l'âme.

Cette malheureuse expédition n'était pas faite pour rendre aux Français le prestige qu'ils avaient perdu; le bey de Constantine en profita pour continuer à étendre son pouvoir. Vers le même temps, le cheik El-Hadji-Mahi-Eddin-el-Sghir, qui appartenait à la puissante famille des Em-Bareck, et qui jouissait d'une grande influence sur les tribus des environs d'Alger, offrit de les maintenir dans la tranquillité, si on voulait lui confier l'autorité jadis exercée par l'aga turc, autorité que n'avait pas su faire respecter l'aga nommé par la France. Sa proposition fut acceptée; on lui conféra le titre qu'il désirait et on lui constitua un revenu princier.

Les Arabes cessèrent alors d'inquiéter Alger; mais ils ne dépendirent plus que de leur aga.

On se rappelle que le vieux bey Hassan avait été remplacé à Oran par un parent du bey de Tunis. Ce nouveau bey ne remplissant pas les conditions auxquelles on l'avait nommé, le gouvernement français envoya le lieutenant général Boyer avec mission de prendre le commandement du beylik. Cette entreprise réussit mieux que celles que nos armées tentaient depuis quelque temps. Le prince tunisien fut vaincu et céda la place au lieutenant général.

La ville d'Oran est bâtie au bord de la mer, sur deux collines séparées par un ravin profond dans lequel coule une petite rivière. Les Espagnols l'ont occupée pendant près de trois siècles et y ont laissé de magnifiques traces de leur passage : des galeries souterraines, des magasins taillés dans le roc, des casernes, des églises, un colysée. Ils nommaient cette ville la Petite-Cour (Porte-Chica), à cause de la beauté de sa situation. En 1790, un tremblement de terre y causa de grands ravages ; et deux ans après, les Espagnols furent obligés de l'abandonner au bey Mohammed.

Le port d'Oran est à Mers-el-Kébir. Ce port, dans lequel de nombreux vaisseaux peuvent trouver un abri, était protégé par le fort de même nom bâti par les Espagnols.

Le lieutenant général Boyer, une fois installé à Oran, crut devoir déployer une grande fermeté dans son gouvernement. Cette fermeté dégénéra parfois en rigueur et redoubla l'éloignement que les tribus arabes éprouvaient pour la domination française. Il en résulta parmi ces nombreuses tribus une effervescence que surent habilement exploiter plusieurs chefs très-influents sous l'administration du dernier bey. Parmi ces chefs, on comptait Mahi-Eddin, dont le fils, Sidi-Hadji-Abd-el-Kader, devait conquérir une immense célébrité.

Les Français ne possédaient dans toute cette province que la ville d'Oran ; ils avaient un poste à Mostaganem, et la ville d'Arzew leur était favorable ; mais ce n'était pas assez pour lutter avec avantage contre cent cinquante tribus puissantes ou pour leur imposer du respect.

Mostaganem est une ville arabe dont la fondation remonte au XIIe siècle. Les Turcs s'en emparèrent quatre cents ans après, et elle ne devint définitivement française qu'en 1833. Elle est située à un kilomètre de la mer, dans un territoire très-fertile.

Arzew est une petite ville peu distante de la mer, qui y forme une baie sûre et commode. Elle ne fut occupée par les Français que peu de jours avant Mostaganem.

L'armée d'Afrique n'avait pas été heureuse dans ses entreprises, sous le commandement du général Berthezène; la faute cependant n'en devait pas être attribuée à ce général, distingué par sa bravoure et sa loyauté, mais aux circonstances dans lesquelles il avait été appelé à diriger les opérations militaires de l'Algérie.

Il fut remplacé par le général Savary, duc de Rovigo, ancien aide de camp de Napoléon Ier. Dès qu'il eut pris possession de son commandement, il jugea inutile de laisser les troupes à Alger, cette ville n'inspirant nulle inquiétude, et il les répartit sur quatre points, dont il fit quatre forteresses. Ces postes furent Kouba, Birkadem, Tixeraïm et Dely-Hibrahim.

Pour relier ces divers postes à Alger, on traça des routes; mais il fallut traverser quelques cimetières musulmans, et ce fut la cause d'un grand émoi parmi les indigènes. Chaque vendredi, les Arabes, et en général tous les musulmans d'Alger, se rendent dans les cimetières, déposent sur les tombes de leurs parents ou de leurs amis quelques branches fleuries, et restent des heures entières assis sur la verdure qui les couvre. C'est un véritable culte que rendent les musulmans à leurs morts; aussi, quand ils virent les nouvelles routes passer sur ces restes vénérés, ils crièrent au sacrilége.

Leurs plaintes et leurs murmures furent portés jusqu'au gouvernement de Louis-Philippe, et le général fut blâmé; ce qui produisit un très-mauvais effet.

Un autre événement, dont les suites furent aussi très-défavorables aux Français, arriva peu de temps après. Le duc de

Rovigo reçut une députation des tribus du Sahara algérien. Ces députés venaient lui demander des secours contre le bey de Constantine, qui n'avait pas renoncé à ses projets ambitieux et qui continuait à maltraiter ses voisins. Le duc les reçut bien, leur promit de les soutenir et leur fit quelques présents. A peine étaient-ils sortis de la ville, qu'ils furent attaqués et dépouillés; ils retournèrent en hâte auprès du général en chef et se plaignirent de ce traitement, dont ils accusèrent la tribu des Ouffias. Le duc, irrité, se mit aussitôt à la tête d'un corps de troupes, et, sans avoir vérifié l'accusation, il tomba au milieu de la nuit sur la tribu, qui fut entièrement détruite.

Cette cruauté redoubla la haine que les Arabes portaient à la France; les marabouts prêchèrent la guerre sainte, et tout l'arrondissement d'Alger se souleva comme un seul homme. Plusieurs victoires domptèrent l'insurrection; mais cette fois encore la répression fut trop cruelle et nous créa de nouveaux ennemis.

Le bey d'Oran, pressé par celui de Constantine, demanda aussi du secours aux Français. C'était ce même Ibrahim dont la trahison avait coûté, à Bone, la vie à plusieurs de nos officiers. Le moment de les venger était arrivé. Grâce au courage et au sang-froid de ceux qui y furent envoyés, Ibrahim et le lieutenant du bey de Constantine furent chassés de la ville, qui resta définitivement aux Français.

Pendant que ces choses s'accomplissaient, Abd-el-Kader commençait à se révéler.

VII.

Abd-el-Kader.

La famille d'Abd-el-Kader est très-ancienne; elle remonte, si on l'en croit, jusqu'à Mahomet, et elle a régné sur une assez grande partie de la contrée.

Depuis longtemps le marabout Sidi-el-Hadji-Mahi-Eddin jouissait dans la plaine des Ghris d'une grande influence. Son père et son grand-père avaient été marabouts, et il avait hérité à la fois de leur réputation de sainteté et de leur haine pour la domination étrangère. Mahi-Eddin n'avait jamais supporté qu'avec peine celle des Turcs; quand les Français eurent remplacé le dey Hussein, ce fut contre les Français qu'il excita sa tribu.

Il caressait sans cesse et faisait en toute occasion briller aux yeux de ses frères le rêve de l'indépendance de son pays. Mahi-Eddin avait quatre femmes. Lallah-Zorha, celle qu'il aimait le plus et qui méritait d'ailleurs cette préférence par la distinction de son esprit, la bonté de son cœur et son instruction, car elle était peut-être la seule femme arabe qui possédât quelque savoir, Lallah-Zorha lui donna, vers l'an 1806, un fils qui devait être célèbre.

Cet enfant reçut le nom d'Abd-el-Kader, illustré par Muley-Abd-el-Kader, l'un des plus grands personnages qu'ait produits l'ismamisme. La naissance du fils de Mahi-Eddin fut marquée, au dire des Arabes, par les signes les plus favorables. Une auréole de flamme entoura pendant quelques minutes la tête de cet enfant; le vent du désert, qui soufflait avec violence, tomba soudain, et la nature revêtit sa parure la plus somptueuse et la plus embaumée.

Lallah-Zorha, en pressant le nouveau-né sur son sein, vit cette brillante couronne que le prophète lui avait donnée, et, dans un transport de joie, elle s'écria :

— Voilà l'enfant que les devins ont annoncé. Voilà le sauveur que nous attendions.

Les Arabes attendent, en effet, depuis longtemps un envoyé du prophète, qui doit réunir leurs tribus errantes et en faire la nation la plus puissante de l'univers.

Abd-el-Kader annonça dès l'âge le plus tendre d'excellentes dispositions pour l'étude, une rare intelligence et un courage indomptable. Il fut élevé avec le plus grand soin par sa mère et par Mahi-Eddin, qui reporta bientôt sur cette jeune tête ses ambitieux projets.

Il avait longtemps nourri l'espérance de se faire déclarer grand chef (kébir) de toutes les tribus de l'ancienne régence d'Alger; le moment de la réaliser ne lui paraissait pas encore arrivé, et il s'en consolait en pensant que si la mort le surprenait avant que ce dessein fût accompli, son fils exécuterait les grandes choses qu'il avait rêvées.

Achmet-Bilhar, oncle d'Abd-el-Kader, un des plus savants Arabes, joignit ses leçons à celles de Mahi-Eddin, et il eut la joie de voir son élève en profiter. A douze ans, Abd-el-Kader savait par cœur le Coran tout entier, et il en expliquait les passages les plus difficiles avec tant d'éloquence naturelle, que plusieurs marabouts vinrent de loin pour l'entendre. Sa réputation commença dès lors, et Mahi-Eddin n'épargna rien pour la répandre parmi les tribus.

Abd el-Kader fit son éducation politique à Oran, chez Sidi-Achmet-Ben-Kodja. Pendant les dix-huit mois qu'il passa dans cette ville, il ne fréquenta guère que des vieillards renommés par leur savoir ou par leur sainteté. Il n'aimait que l'étude, le silence et la méditation; ce n'était assurément pas un enfant ordinaire.

Mahi-Eddin, heureux de le voir répondre si bien à ce qu'il attendait de lui, ne dissimula pas assez sa joie et ses espérances; il donna de l'ombrage aux Turcs. Ses amis l'en avertirent et lui conseillèrent d'échapper par la fuite aux dangers qui le menaçaient. Mahi-Eddin avait déjà fait le pèlerinage de la Mecque; il annonça qu'il allait l'entreprendre une seconde fois, pour accomplir un vœu.

Le jour où il devait partir, il se vit entouré d'une foule de cavaliers arabes, accourus pour lui faire honneur et pour le protéger au besoin. Ils voulaient le conduire jusqu'au port où il devait s'embarquer; mais le bey d'Oran, effrayé de ce rassemblement, envoya à Mahi-Eddin l'ordre de se présenter devant lui, pour se disculper d'avoir assemblé tant de cavaliers en armes. Le vieux marabout congédia aussitôt ses amis, et, malgré leurs prières, il se rendit, accompagné de son fils Abd-el-Kader seulement, au palais du bey.

Hassan, qui depuis des années était jaloux de l'autorité dont jouissait Mahi-Eddin, voulut saisir cette occasion de se défaire de lui; mais Abd-el-Kader présenta avec tant de feu la défense de son père, il fut si pressant et si digne, que le vieil Hassan n'osa pas faire exécuter la sentence. Il leur laissa la liberté, à condition qu'ils s'éloigneraient sans retard du pays.

Mahi-Eddin et Abd-el-Kader, alors âgé de seize ans, partirent donc pour la Mecque. Plusieurs chefs de tribus se joignirent à eux pour accomplir ce pèlerinage. Le bey de Tunis les reçut avec les plus grands égards et les fit conduire à Alexandrie. Méhémet-Ali, qui régnait sur l'Egypte, les retint quelque temps dans cette capitale. Abd-el-Kader étudia l'organisation du gouvernement et de l'armée, admira les établissements fondés par Méhémet-Ali, et l'ambition commença de fermenter dans son cerveau. Mahi-Eddin, loin de combattre cette passion dans son fils, ne négligeait aucune occasion de la faire croître; il lui avait déjà confié tous ses projets, et il lui en promettait la réalisation avec une telle conviction, qu'Abd-el-Kader, disposé d'ailleurs par le respect filial à croire aux paroles du marabout, comptait sur de hautes destinées.

Le pèlerinage de la Mecque se fit avec un grand recueillement. Nos jeunes lecteurs savent qu'un bon musulman doit, au moins une fois en sa vie, venir s'agenouiller sur le tombeau du prophète, que possède la ville sainte. Mais tous ceux auxquels leur santé, leur fortune, leurs travaux, en un mot, quelque circonstance que ce soit, ne permettent pas de faire ce voyage, en sont dispensés. Les marabouts n'y manquent presque jamais, dussent-ils parcourir en mendiant la distance qui les en sépare.

Les pèlerins sont obligés de s'arrêter à une certaine distance de la cité, pour y faire les purifications ordonnées par la loi; ils se revêtent ensuite d'un manteau de pénitence, formé de deux pièces de laine blanche et neuve, dont l'une couvre la partie inférieure du corps et l'autre la partie supérieure; ils se parfument et récitent des prières ou chantent des cantiques, en continuant leur chemin. Le manteau pénitencier, nommé ihram, est leur seul vêtement; mais ils peuvent avoir une bourse contenant leur argent, porter un sabre, avoir au doigt leur cachet, et dans un sac, pendu à leur côté, un exemplaire du Coran. En arrivant à la Mecque, ils se rendent pieds nus à la Kaaba (temple qui renferme le tombeau) sans s'arrêter en quelque lieu que ce soit, s'approchent de la Pierre-Noire, la baisent respectueusement, ou la touchent des deux mains, et les portent ensuite à leur bouche, puis font le tour du sanctuaire en se balançant alternativement sur chaque pied et en secouant les épaules.

Pendant leur séjour à la Mecque, les pèlerins font sept fois, en accomplissant diverses instructions, cette promenade autour du sanctuaire. Ils ont à s'acquitter aussi d'un grand nombre d'autres pratiques, auxquelles, nous devons le dire, ils ne manquent jamais. Leur fanatisme aveugle leur inspire, pendant toutes ces cérémonies, dont la plupart sont puériles, une dévotion qui fait honte à l'indifférence et à la distraction habituelles aux chrétiens dans l'accomplissement des devoirs les plus sérieux de la religion.

Chaque année, plus de 100,000 pèlerins de tout âge et de toute condition s'y rendent de toutes les contrées musulmanes. La fête du pèlerinage a lieu au commencement de mars : le législateur l'a ainsi voulu, sans doute parce que c'est la saison la plus favorable aux voyages. Les pèlerins d'Asie se réunissent à Damas et continuent leur route sous la protection d'un corps d'armée, destiné à les défendre, eux et les marchandises qu'ils conduisent, contre les attaques des pillards; ceux d'Afrique ont aussi des gardes commandés par un bey. Les sujets de l'empereur du Maroc font ce voyage sous la conduite d'un de ses officiers.

Le chérif de la Mecque va au-devant des pèlerins avec des troupes chargées de veiller à leur sûreté et de maintenir l'ordre parmi eux.

Quand toutes les pieuses pratiques du pèlerinage sont terminées, a lieu la fête du Baïram. Elle dure trois nuits, pendant lesquelles les musulmans se dédommagent amplement de leur austérité passée. Tous ceux qui ont fait le voyage de la Mecque prennent, comme nous l'avons dit, le titre de hadji (pèlerin) et le conservent toute leur vie. Ils joignent à ce privilége celui de laisser croître leur barbe, à l'exemple de leur prophète.

Pendant tout le temps que dura la domination turque, le dey d'Alger autorisa le départ des pèlerins et leur faisait remettre à chacun une certaine somme destinée aux pauvres de Médine et de la Mecque. Après la conquête d'Alger, les pèlerinages ont été interrompus jusqu'en 1842, époque à laquelle le gouvernement français, voulant donner aux indigènes une preuve de sa sollicitude, mit à la disposition de ceux qui voulaient se rendre à la Mecque un bâtiment à vapeur, chargé de les conduire, aux frais de l'Etat, jusqu'à Alexandrie. On pourvut même à leur nourriture pendant la traversée, et un autre vaisseau alla reprendre les pèlerins à Alexandrie, au mois de juillet 1843.

Les mêmes mesures furent prises les années suivantes, à la grande satisfaction des musulmans.

Nous avons cru nécessaire de donner quelques détails sur le pèlerinage de la Mecque, à l'accomplissement duquel les disciples de Mahomet tiennent tant; cela fait, nous revenons à Abd-el-Kader.

Pendant que les pèlerins reprenaient le chemin de l'Afrique, Mahi-Eddin, son fils et son neveu se rendirent à Bagdad, pour visiter le tombeau de Muley-Abd-el-Kader. Ce marabout, l'un des plus célèbres de toute la contrée, y vécut, disent les chroniques, dans les plus austères pratiques de la sainteté. Il passa quarante années de sa vie au sommet d'une montagne, ne se tint pendant ces quarante années que sur un seul pied et n'eut d'autre nourriture que l'eau du ciel. Cette pénitence accomplie, Muley fut enlevé par Mahomet et disparut dans les nuages, en présence de plus de 10,000 personnes.

Après avoir prié dans les sept chapelles élevées à la mémoire de Muley-Abd-el-Kader, Mahi-Eddin revint à Mascara, où il vécut dans la prière et la méditation jusqu'à la chute de Hussein-Pacha. Mais alors il commença à parcourir les tribus, prêchant la guerre contre les chrétiens et répétant dans les douars où il était accueilli avec vénération ce qui lui était arrivé au tombeau du marabout Muley-Abd-el-Kader.

Ce saint homme lui était apparu, tout rayonnant de lumière, et, après l'avoir doucement invité à relever son front courbé dans la poussière, il lui avait dit :

— Mon fils, notre famille est agréable au prophète. Allah la regarde avec faveur, et sa volonté est qu'elle devienne puissante.

— Allah est grand, avait répondu Mahi-Eddin. Que sa volonté soit faite !

— Prends cette pomme cueillie dans les jardins du ciel, reprit Muley, et donne-la au sultan de l'Ouest.

— Le sultan de l'Ouest nous a asservis, dit Mahi-Eddin; mais si tu l'ordonnes, j'irai lui porter ce présent.

— Je ne te parle pas du sultan de Stamboul, mais de ton fils Hadji-Abd-el-Kader. C'est lui qu'Allah a choisi pour rendre à ton pays sa gloire et sa richesse. C'est lui qui sera le sultan de l'Ouest, c'est à lui que ce fruit céleste est destiné.

Mahi-Eddin prit la pomme, et, se courbant de nouveau devant le marabout, il ajouta :

— Qu'Allah soit béni, et toi aussi, saint ami du prophète ! Je suis indigne de l'honneur que tu m'annonces ; mais je suis prêt à l'acheter par la persécution. Dès que j'aurai révélé les hautes destinées réservées à mon fils, ce sera fait de moi.

— Quand ton fils sera sultan, tu mourras, toi; mais lui deviendra grand et sera invulnérable; car tel est l'ordre d'Allah.

Mahi-Eddin voulut remercier le saint de l'avoir choisi pour victime, mais Muley était remonté au ciel. Après avoir prié longtemps encore, il sortit de la chapelle et se dirigea vers la plaine où son fils faisait paître les chameaux. Il l'aborda avec un pieux respect et lui donna la pomme du jardin d'Allah. Abd-el-Kader ne l'eut pas plus tôt mangée, que l'auréole qui avait ceint son front au moment de sa naissance y brilla de nouveau; ses traits resplendirent comme ceux du marabout Muley, et Mahi-Eddin, frappé de ce prodige, fléchit les genoux devant lui.

Les Arabes, passionnément épris du merveilleux, accueillirent cette fable et s'en firent l'écho. Le marabout Sidi-el-Arach travailla aussi à la propager; il y joignit l'éloge du jeune homme sur lequel il avait plu au prophète de jeter les yeux. Cet éloge, mérité d'ailleurs, se répandit de toutes parts, et, quelque temps avant la chute du bey d'Oran, Abd-el-Kader commença de recevoir des présents que lui envoyaient les tribus ou que chacun lui apportait de son plein gré, pour avoir la joie de contempler celui qui devait être un jour le libérateur de la nation.

Ces présents consistaient en armes, en chevaux, en grains, en bétails et en argent. Abd-el-Kader les acceptait pour s'en faire une ressource au jour où il en aurait besoin.

Le bey avait trop à s'occuper de ses propres affaires pour s'inquiéter beaucoup de ce qui se passait sous la tente de Mahi-Eddin; cependant il connaissait la puissance du marabout; car ce fut à lui que, chassé d'Oran par les Turcs, il fit demander un asile pour lui et ses trésors. Mahi-Eddin allait le lui accorder, quand Abd-el-Kader lui conseilla de n'en rien faire, en lui disant que le vieil Hassan s'était rendu tellement odieux aux Arabes, que la protection dont Mahi-Eddin et toute sa famille entoureraient le bey ne parviendrait pas à le soustraire à la vengeance des tribus, et que l'opprobre de sa mort retomberait sur ceux qui n'auraient pas su faire respecter l'asile qu'ils lui auraient ouvert.

Cet avis était sage. Mahi-Eddin le goûta, et le bey Hassan se rendit aux Français.

Le drapeau tricolore flottait à peine sur les forts d'Oran, que les Arabes des bords du Chélif et du territoire de Mascara vinrent se ranger sous la bannière d'Abd-el-Kader et de Mahi-Eddin, qui avaient prêché la guerre sainte. Ils se mirent en marche contre la ville d'Oran et la cernèrent dans les premiers jours de mai 1832. Une multitude fanatique vint les y rejoindre, et ils attaquèrent la place avec tant de vigueur, qu'il fallut tout l'héroïsme de nos braves soldats pour la défendre. Abd-el-Kader, toujours au plus fort de la mêlée, eut deux chevaux tués sous lui; son burnous fut criblé de balles et rougi de sang, mais lui ne reçut pas la moindre blessure; ce qui ne contribua pas peu à le faire regarder comme invulnérable.

Cependant le siége d'Oran ne tarda pas à être levé; cette armée, nombreuse et vaillante, mais sans discipline et sans chefs reconnus, ne pouvait lutter, surtout dans un siége, contre les troupes françaises. Elle revint plusieurs fois à la charge, mais toujours sans succès.

Le découragement commençait à remplacer la confiance dans le cœur des Arabes, plusieurs tribus s'étaient même données aux Français. Celles qui ne voulaient pas se soumettre reconnurent la nécessité de s'unir pour leur résister. Les principaux personnages des Beni-Amer, des Garabas, des Borgiah, des Hachems, se donnèrent rendez-vous à Ersebia, dans la plaine des Ghris, afin d'élire un chef suprême. Presque tous furent d'avis de conférer le commandement à Mahi-Eddin ou à Sidi-el-Arach, les deux marabouts les plus renommés de la province.

Mahi-Eddin déclina cette responsabilité, en alléguant son âge, qui ne lui permettait plus de déployer assez d'énergie.

— Je seconderai votre chef, dit-il, par mes prières d'abord, puis je parcourrai les tribus en ralliant des soldats à sa sainte cause : voilà ma mission. Mais pour marcher à la tête de vos troupes, il faut un héros choisi par le ciel.

Sidi-el-Arach prit alors la parole.

— Ce n'est pas moi, dit-il, qui suis ce héros béni par le prophète; mais je puis le désigner à votre choix. J'ai vu en songe, pendant cette nuit, une grande plaine au milieu de laquelle s'élevait un trône doré ; Muley se tenait à la droite de ce trône, et comme il me regardait fixement, je lui demandai en tremblant à qui ce trône était destiné. « Sidi-Hadji-el-Arach, me répondit-il, celui qui s'assiéra sur ce trône est digne, par sa sainteté et par ses vertus guerrières, de commander aux fils du prophète; c'est Hadji-Abd-el-Kader, fils de Sidi-Hadji-Mahi-Eddin. »

La grande jeunesse d'Abd-el-Kader, qui avait à peine vingt ans, causa parmi les vénérables chefs des tribus une hésitation, qui n'échappa point à Mahi-Eddin. Il se leva alors, s'avança au milieu de l'assemblée, et, levant les deux mains au ciel :

— Frères, s'écria-t-il, l'envoyé de Dieu m'est apparu cette nuit, comme à Sidi-Hadji-el-Arach; il m'a adressé les mêmes paroles; mais il y a ajouté ces mots : « Garde-toi, Mahi-Eddin, de te mettre à la place de l'élu, ou plutôt choisis toi-même ton sort : si tu commandes aux Arabes, tu vivras de longues années, mais tu les verras vaincus et asservis; si c'est ton fils, tu mourras, mais ils seront vainqueurs.... » Frères, qu'est-ce que la vie sans la victoire? A moi donc la mort, à vous et à mon fils la gloire et la liberté !...

Le récit de cette double vision ainsi racontée, et surtout la générosité avec laquelle Mahi-Eddin renonçait à la vie en même temps qu'au pouvoir, causèrent un enthousiasme général. Mahi-Eddin en profita, et, se jetant aux pieds de son fils, il voulut être le premier à le saluer comme le chef suprême. Sidi-el-Arach l'imita, et tous les autres chefs vinrent ensuite rendre hommage au jeune homme, lui firent don d'un burnous violet et le proclamèrent prince des croyants.

Les tribus, depuis longtemps prévenues en sa faveur, reconnurent avec joie son autorité, et la petite république de Mascara le reçut en triomphe.

Cependant le nouvel émir (prince) fit vainement une nouvelle tentative contre la ville d'Oran; il fut repoussé par le général Boyer, et les intelligences qu'il était parvenu à se créer dans la place ayant été connues, ses partisans furent mis à mort. Le général Boyer, rappelé en France quelque temps après, fut remplacé par le général Desmichels.

La mort de Mahi-Eddin, arrivée quelques mois après l'élection de son fils, confirma la prédiction faite par le vieux marabout à l'assemblée d'Ersebia et affermit l'autorité d'Abd-el-Kader.

Nous avons dit combien l'enfance de l'émir avait été différente de celle de la plupart des hommes. Il ne se montra pas moins supérieur dans la suite de sa vie. Pour réunir à lui, comme il l'a fait, les hordes indisciplinées des Arabes, pour lutter si longtemps contre nos armées, pour trouver des ressources quand tout paraissait perdu, pour étouffer autour de lui les haines et les révoltes, il fallait à Abd-el-Kader d'éminentes qualités. Ses ennemis se sont toujours accordés à lui reconnaître une bravoure indomptable, une grande générosité, beaucoup de sagesse, et cette noblesse d'âme qui, lorsqu'elle se traduit dans les gestes et les paroles, exerce autour d'elle un ascendant irrésistible.

Abd-el-Kader est le type parfait de la race arabe. Son front est large et élevé; ses yeux, qu'il tient ordinairement baissés, sont noirs et pleins de douceur; mais la colère les irise et leur fait lancer des éclairs; sa figure est pâle, régulière, mélancolique; mais elle s'anime facilement et devient des plus expressives. Son sourire a quelque chose de doux et de triste ; sa voix est grave, sa parole brève et naturellement éloquente. Sa taille est petite, mais bien prise ; ses mains sont très-belles ; sa tête, qu'il porte légèrement penchée, a un caractère de rêverie et de méditation. Sa démarche est assurée, et ses manières sont pleines de distinction. Sa barbe, qu'il laisse croître comme les pèlerins de la Mecque, descend jusqu'au milieu de sa poitrine, et un léger tatouage qu'il porte à la racine du nez indique qu'il appartient aux Hachems, tribu riche et puissante.

Quelque temps avant son élévation, Abd-el-Kader avait épousé Lellah-Keïra, fille de son oncle paternel Sidi-Ali-Ben-Thalib.

Lellah-Keïra s'est fait une grande réputation par la bonté de son cœur et la distinction de son esprit. Les femmes arabes ne jouissent ordinairement d'aucune considération ; elles sont les servantes et non les compagnes de leurs maris ; il n'en est pas de même de Keïra, ni de Khadidja, sœur de l'émir. Elles sont révérées de toutes les tribus et traitées par Abd-el-Kader avec les plus grands égards. On assure que les captifs et les condamnés qui parvenaient à toucher le bord de leur robe obtenaient aussitôt la liberté ou la vie, et que beaucoup de prisonniers français ont été soulagés par ces deux femmes bienfaisantes, avant qu'elles-mêmes partageassent la captivité du prince des croyants.

VIII.

Prise de Bougie. — Expédition contre les Garabas. — Premier Traité conclu avec Abd-el-Kader. — Résultat de ce Traité. — Affaire de la Macta.

Le duc de Rovigo fut remplacé à la tête de l'armée d'Afrique par le lieutenant général Voirol. Le commandement de ce chef fut un des plus avantageux à l'occupation française, moins par d'éclatants succès que par de petites expéditions bien dirigées, par l'heureuse influence du bureau arabe, créé avant l'arrivée du général Voirol, enfin par l'application de sages ordonnances.

Le capitaine Lamoricière, chef du premier bureau arabe, déploya dans ces fonctions autant d'habileté que de dévouement. Il étudia la langue des Arabes, les fréquenta, chercha à se concilier l'estime et la confiance de leurs chefs, régla les différends survenus dans les tribus, et prouva qu'on obtiendrait plus des indigènes par la conciliation que par la terreur.

Il fut donc envoyé à Bougie, pour reconnaître cette place, dont le général en chef songeait à faire la conquête. Cette ville était située au milieu de tribus kabyles, disposant d'une vingtaine de mille hommes et peu disposées à laisser les Français s'en emparer. Le capitaine Lamoricière, emporté par son courage, présenta l'attaque de cette place comme plus facile qu'elle ne l'était réellement. L'armée s'empara des forts sans beaucoup de peine ; mais les Kabyles, retranchés dans chacune des maisons, résistèrent si vivement, que, pour achever de les vaincre, il fallut attendre des secours d'Alger. Ils ne tardèrent pas à arriver, et la ville de Bougie fut définitivement occupée par les Français.

Le général Desmichels, qui commandait à Oran, tenta contre les Garabas une expédition qui fut couronnée de succès. La tribu des Garabas est celle d'Abd-el-Kader. Après l'avoir dispersée, le général reprit le chemin d'Oran ; mais il ne regagna pas cette ville sans avoir à combattre une multitude d'Arabes, accourus pour venger les Garabas. Il les vainquit et conserva tout le butin pris aux ennemis.

Abd-el-Kader, dont ce succès compromettait le pouvoir naissant, rallia les tribus et vint attaquer les Français, qui se contentèrent de le repousser sans le poursuivre.

Le général entreprit ensuite contre Mustapha-Ben-Ismaïl, ennemi d'Abd-el-Kader, une expédition dans laquelle il échoua ; mais il s'empara d'Arzew. Abd-el-Kader enleva dans cette ville un homme qui lui était hostile, le fit mettre à mort, et fit reconnaître son pouvoir par les habitants de Tlemcen. Toutefois, il ne put empêcher le général de s'emparer de Mostaganem, ni de châtier la tribu des Smelas, dont les Français avaient à se plaindre.

Au moment où la colonne envoyée contre les Smelas revenait de cette expédition, elle fut entourée par les Arabes. Les soldats français, harassés de fatigue et de chaleur, eussent été vaincus, sans l'intrépide valeur de la cavalerie qui soutint l'attaque et le dévouement d'un officier d'ordonnance, M. Desforges, qui courut à Oran chercher des renforts. A l'arrivée des troupes fraîches, les Arabes lâchèrent pied et se dispersèrent.

Le corps expéditionnaire ne fut pas plus tôt rentré à Oran,

qu'Abd-el-Kader alla assiéger Mostaganem. La garnison de cette place était très-faible ; mais un brick français, à l'ancre sur la côte, soutint la ville, et l'émir, n'ayant pu réussir à y entrer par surprise, donna le signal de la retraite.

Il se contenta de battre la campagne, pour empêcher les tribus d'entretenir des relations avec les Français et de leur fournir des vivres. Il punit avec une extrême rigueur celles qui, au mépris de sa défense, se laissèrent tenter par l'appât du gain ; et la terreur qu'il inspirait grandissant promptement, Oran fut bientôt réduit à n'avoir plus pour subsister que les provisions amenées par la flotte.

Cet état de choses ne pouvait durer. Le général le comprit ; mais au lieu de combattre Abd-el-Kader, il traita avec lui. Ce fut une grande faute : la France, reconnaissant l'autorité de l'émir, faisait plus pour lui que n'eût pu faire une grande victoire. Dès qu'il sut que le général était disposé à traiter, il envoya un de ses officiers à Oran, pour régler les conditions de la convention suivante :

1° Les Arabes auront la liberté de vendre et d'acheter de la poudre, des armes, du soufre, enfin tout ce qui concerne la guerre.

2° Le commerce de la Mersa (Arzew) sera sous le gouvernement du prince des croyants, comme par le passé, et pour toutes les affaires. Les cargaisons ne se feront pas ailleurs que dans ce port. Quant à Mostaganem et Oran, ils ne recevront que les marchandises nécessaires aux besoins de leurs habitants, et personne ne pourra s'y opposer. Ceux qui désireront charger des marchandises devront se rendre à la Mersa.

3° Le général français rendra aux Arabes tous les déserteurs et les fera enchaîner. Il ne recevra pas non plus les criminels. Le général commandant à Alger n'aura pas de pouvoir sur les musulmans qui viendront auprès de lui avec le consentement de leurs chefs.

4° On ne pourra empêcher un musulman de retourner chez lui quand il voudra.

5° A compter d'aujourd'hui les hostilités cesseront entre les Français et les Arabes.

6° La religion et les usages des musulmans seront respectés.

7° Les prisonniers français seront rendus.

8° Les marchés seront libres.

9° Tout déserteur français sera rendu par les Arabes.

10° Tout chrétien qui voudra voyager par terre devra être muni d'une permission revêtue du cachet du consul d'Abd-el-Kader et de celui du général.

Abd-el-Kader, reconnu par la France en qualité de prince des croyants, envoya des agents chargés de le faire reconnaître par les tribus qui ne lui avaient pas encore protesté de leur obéissance. Ces députés avaient l'ordre de faire sonner bien haut les succès de l'émir, l'influence qu'il avait acquise sur les Français, et de promettre que si tous les vrais musulmans voulaient se joindre à lui, il ne resterait bientôt plus un chrétien sur la terre d'Afrique.

Mais il voulut aller trop vite ; avant que son autorité fût bien affermie, il leva des impôts et en exigea le paiement avec une certaine rigueur. Il mécontenta ainsi les chefs de plusieurs tribus puissantes. Ils se liguèrent contre lui, surprirent son camp pendant la nuit du 12 avril 1834 et pénétrèrent jusqu'à l'émir. Ils l'eussent fait prisonnier, si son beau-frère Mouloud-Ben-Sidi-Boutatel, doué d'une force colossale, ne l'eût enlevé dans ses bras et jeté sur un cheval, qui le déroba à la poursuite de ses ennemis.

A la nouvelle de l'échec subi par Abd-el-Kader, d'autres tribus se joignirent à celles qui s'étaient armées contre lui : aucun pouvoir qui s'élève ne manque de jaloux. Ces tribus demandèrent l'appui des Français ; mais le général Desmichels, voyant dans l'émir un héros dont l'aide était indispensable à la France pour pacifier le pays et s'y établir solidement, prévint Abd-el-Kader de ce qui se tramait contre lui et lui envoya des secours. Abd-el-Kader, vainqueur, ne mit plus de bornes à ses prétentions. Il demanda du canon au général pour réduire les Turcs et les Français qui occupaient la citadelle de Tlemcen ; le général refusa, et, pour l'en punir, l'émir ne voulut pas, quelque temps après, lui accorder une entrevue qu'il demandait.

Abd-el-Kader, on le voit, commençait à parler en maître. Il écrivit au général Voirol, pour lui offrir d'aller pacifier les tribus des environs d'Alger et de Titterie, comme il avait pacifié celles de la province d'Oran. Le général Voirol chargea l'envoyé de l'émir de féliciter son maître de ce succès, de le remercier de ses offres, et de lui défendre de passer le Chélif.

Peu de temps après, le comte d'Erlon, nommé gouverneur général de l'Algérie, en vertu d'une ordonnance qui réglait l'organisation de la conquête, prit possession de son commandement. Il blâma le général Desmichels d'avoir traité avec Abd-el-Kader et obtint son rappel.

Le comte d'Erlon, que son âge et sa prudence avaient désigné au choix du gouvernement, donna des preuves de sagesse et d'habileté dans l'administration civile de l'Algérie. Il divisa en communes le territoire d'Alger, fonda des écoles publiques françaises, réforma la justice et établit l'ordre dans la police de la ville. Il fut moins heureux sous le rapport politique et militaire. La province de Titterie étant menacée par Abd-el-Kader, il résolut de donner un nouveau bey à la ville de Médéah, et de le soutenir par une forte garnison ; mais il crut ne pouvoir prendre la responsabilité de cette décision, et son plan n'ayant point été approuvé par le ministère, il en abandonna la réalisation. Cette faiblesse devait avoir de funestes conséquences.

Quelques tribus du désert s'étant soulevées contre l'émir, leur chef entra à Médéah. Abd-el-Kader convoitait depuis longtemps cette ville. Aussi, dès qu'il eut appris que son ennemi y était, il se mit à la tête de ses troupes, franchit le Chélif, malgré la défense expresse que le général Voirol lui en avait faite, et fut reçu avec un véritable enthousiasme par la population de Miliana. Chacun voulait le voir et ne l'approchait qu'avec les témoignages du plus profond respect.

L'accueil qu'il reçut à Médéah ne fut pas moins empressé ; il n'eut pas besoin de combattre, on le supplia de disposer de l'autorité dans cette ville, lasse de voir sans cesse un pouvoir succéder à un autre.

Le général Trézel, qui avait remplacé le général Desmichels à Oran, voulait répondre au passage du Chélif par l'attaque de Mascara, mais le comte d'Erlon l'en empêcha. Il tomba dans la faute qu'il avait lui-même reprochée au général Desmichels ; au lieu de combattre Abd-el-Kader, il négocia avec lui.

L'émir, voyant son prestige grandir, voulut que tout le commerce des Arabes avec les Français passât par ses mains. Il acheta les grains, les vivres de toutes sortes, et fit la loi sur les marchés. Deux tribus riches et puissantes, les Douers et les Smelas, n'ayant pas voulu accepter son intermédiaire dans leurs transactions, il leur ordonna de lever leurs tentes, placées aux environs d'Oran, et de les transporter ailleurs. Elles refusèrent d'obéir, et, trop faibles pour lutter contre l'émir, elles se mirent sous la protection de la France. Le général Trézel repoussa les troupes d'Abd-el-Kader, reçut les Douers et les Smelas dans l'alliance française, envoya un interprète à l'émir pour l'en informer et le sommer de renoncer à toute mesure hostile envers nos alliés.

Abd-el-Kader répondit que, quand ces tribus seraient réfugiées derrière les murailles d'Oran, il saurait bien les châtier, et il appela tous ses partisans aux armes.

Le général eut le tort de lui laisser le temps de rallier ses forces et le tort plus grand encore de marcher à sa rencontre avec un petit corps, déjà fatigué et mal pourvu de vivres. Malgré cette infériorité numérique, les Français restèrent maîtres du terrain, après la première attaque. Abd-el-Kader, sommé de nouveau de laisser en paix les tribus, répondit avec autant de hauteur que la première fois. Cependant il n'osa pas attaquer le général, campé sur le Sig ; de son côté, le général n'eut pas la hardiesse de risquer une poignée de braves soldats contre des milliers d'Arabes, et il reprit le chemin d'Arzew. Mais l'émir n'eut pas plus tôt aperçu ce mouvement de retraite, qu'à la tête d'une nuée de cavaliers, il courut s'emparer des hauteurs qui dominaient la route, à quelque distance du point de départ, sur les bords de la Macta.

Le général envoya deux compagnies pour les en chasser ; ce n'était pas assez ; si vaillante que pût être leur attaque, elles furent repoussées. Pendant ce temps l'avant-garde franchissait le défilé. Les fourgons contenant le matériel de l'expédition et les blessés venaient ensuite. Dès que les Arabes virent les voitures engagées dans l'étroit passage, ils se précipitèrent sur elles, en prirent quelques-unes, pillèrent les autres et, ce qu'il y eut de plus horrible, fondirent sur les blessés, qu'ils égorgèrent et mutilèrent. L'arrière-garde, au lieu de protéger le convoi, avait fait un détour et rejoint l'avant-garde. Vingt blessés seulement furent sauvés de la fureur des Arabes. Ceux-ci se réunirent pour fondre sur le reste de la colonne, mais ils furent reçus avec une héroïque valeur. Une centaine de braves, soutenus par quelques pièces de canon, protégèrent la retraite des Français, qui arrivèrent le soir à Arzew, après avoir combattu pendant quatorze heures et perdu 500 hommes, tant tués que blessés.

L'affaire de la Macta eut un grand retentissement en France. Le général Trézel fut remplacé par le général d'Arlanges, et presque aussitôt le comte d'Erlon, qui avait fait ce changement, fut remplacé lui-même par le maréchal Clauzel.

IX.

Affaire du Sig. — Le Méchouar de Tlemcen. — Le général Bugeaud. — Bataille de la Sikkah.

Abd-el-Kader fut le seul peut-être, parmi les Arabes, qui ne s'exagéra pas le succès de la Macta. Il avait assez de génie pour reconnaître que ce succès, dû à des circonstances particulières, n'engageait en rien l'avenir, et que ses troupes, si braves qu'elles fussent, ne pourraient jamais, sans une exacte discipline, lutter avantageusement contre les armées françaises. Discipliner les Arabes était une tâche très-difficile; il l'entreprit toutefois; et comme il avait étudié, lors de son passage en Egypte, l'organisation de la milice créée par Méhémet-Ali, il forma des bataillons réguliers, qu'il s'attacha en leur allouant une solde et en récompensant les actions d'éclat. Il s'entoura d'une troupe d'élite, à laquelle il donna le nom de cavaliers rouges.

A l'aide de ces forces, il leva des impôts sur les villes et sur les villages, taxa les marchandises et s'approvisionna largement de vivres, d'armes et de munitions de guerre. Il se fit amener les prisonniers de guerre, et, loin de les traiter avec la barbarie accoutumée chez les Arabes, il les employa à enseigner la manœuvre à ses troupes. Il fit embaucher jusque dans Alger des forgerons, des fondeurs, des armuriers, et résolut d'établir des ateliers pareils à ceux qu'il avait vus à Alexandrie. Il accueillit avec distinction Sidi-Hadji-Mahi-Eddin-el-Sghir, ancien aga établi par les Français pour pacifier les tribus arabes. Ce chef, ne se trouvant plus en sûreté dans la province d'Alger, avait demandé un asile à Abd-el-Kader, son parent. Il ne tarda point à en être estimé comme il le méritait, et il devint le bras droit de l'émir, auquel il rendit de grands services par sa prudence et sa justice.

Abd-el-Kader le nomma bey de Miliana et fit reconnaître son autorité. Le maréchal Clauzel, en prenant, pour la seconde fois, possession du pouvoir en Algérie, avait nommé, lui aussi, un bey pour Miliana et un autre pour Cherchell. Tous les deux furent refusés par les habitants de ces villes, dont on ne put vaincre la résistance. Mahi-Eddin, au contraire, fut reçu avec enthousiasme; il sut, par une administration sage et paternelle, se concilier tous les esprits et gagner plusieurs tribus à la cause d'Abd-el-Kader. Quand il crut avoir réuni assez de forces, il se mit à leur tête et s'avança dans la plaine. Le maréchal Clauzel marcha contre lui, le mit en fuite, mais ne put l'empêcher de regagner les montagnes, où il pouvait attendre en sûreté le moment de recommencer.

Avant de rentrer à Alger, la colonne envoyée contre Mahi-Eddin battit les Hadjoutes, qui depuis quelque temps inquiétaient sans cesse les colons français. Il eût fallu, pour ruiner le crédit d'Abd-el-Kader, une victoire éclatante; mais l'habile émir évitait avec soin d'en venir à une bataille rangée; partout où nos armées n'étaient pas, on le voyait accourir; dès qu'elles paraissaient, il se retirait, se contentant de les harceler, si elles n'étaient pas en nombre suffisant pour se faire respecter, et disparaissant aussitôt après les avoir maltraitées.

Sa réputation grandissait donc de jour en jour de tout ce que perdait celle de la France. La province d'Alger commençait à beaucoup parler de lui; il profitait du mécontentement de celle de Constantine, pour intriguer contre le bey Achmet, dernier représentant de la puissance turque dans la régence; enfin, la plus grande partie de la province d'Oran lui appartenait.

Le maréchal Clauzel, voulant porter un grand coup à sa puissance, marcha vers Mascara, qui était la capitale de l'émir, si toutefois on pouvait dire que l'émir eût une capitale. Le duc d'Orléans, fils aîné de Louis-Philippe, prince qui depuis a fait une fin si tragique, venait d'arriver en Afrique. Il voulut faire partie de l'expédition que le maréchal commandait en personne. 11,000 hommes marchèrent sur Mascara et s'en emparèrent sans résistance, après avoir battu et rejeté vers les montagnes les troupes d'Abd-el-Kader. La ville était abondamment approvisionnée; les Français firent main basse sur tout ce qu'elle renfermait et reprirent, après trois jours de repos, le chemin d'Oran.

Comme on n'avait pas laissé de garnison à Mascara, l'émir ne tarda pas à y rentrer, et s'enhardit au point d'aller attaquer, sous le canon même d'Oran, les Douers et les Smelas, restés ses ennemis.

Le général en chef marcha alors vers Tlemcen, pour secourir les Turcs qui, depuis plusieurs années, défendaient contre Abd-el-Kader la citadelle de cette ville. L'émir, ayant eu vent des projets du maréchal Clauzel, entreprit de s'y opposer; mais il n'y put réussir, et, ne s'étant pas retiré assez tôt, il fut obligé, pour s'échapper, d'abandonner une grande partie de ses bagages.

Tlemcen faisait partie de la Mauritanie Césarienne, du temps des Romains, et portait le nom de Tremici. Les Maures en firent plus tard la capitale d'un petit royaume; puis les Turcs la prirent et la détruisirent entièrement. Elle fut rebâtie, mais elle ne redevint pas ce qu'elle avait été. La citadelle, nommée Méchouar, est située au sud de la ville et contient une centaine de maisons et une mosquée. C'est ce Méchouar qui avait si longtemps tenu contre Abd-el-Kader.

Les plaines qui environnent Tlemcen sont fertiles; elles produisent des figues, des jujubes, des raisins, des pêches, des cerises, des amandes, des pommes et des olives. On y trouve de la chaux, du plâtre, du salpêtre et de la pierre.

La position de Tlemcen paraissant importante au maréchal, il résolut de l'occuper et confia le commandement du Méchouar au capitaine Cavaignac, qui devait être plus tard président de la république française.

Abd-el-Kader, n'ayant pu empêcher le maréchal de prendre le Méchouar, voulut du moins inquiéter sa marche; mais il ne fut pas plus heureux dans cette entreprise que dans la première: il fut repoussé à diverses reprises, et fut obligé de laisser les Français regagner paisiblement Alger.

Au mois d'avril de l'année suivante (1836), le général d'Arlanges, qui commandait la province d'Oran, fut bloqué par les troupes de l'émir dans un camp retranché, qu'il avait établi à l'embouchure de la Tafna, et les tribus environnantes, qui presque toutes avaient fait leur soumission à la France, se soulevèrent à la voix d'Abd-el-Kader. C'est alors que le général Bugeaud, qui inspirait à Louis-Philippe la plus grande confiance, fut envoyé en Algérie.

Il débarqua le 6 juin à la Tafna, se fraya un passage jusqu'à Oran, à travers une nuée d'Arabes, alla jusqu'à Tlemcen, dont la citadelle avait besoin d'être ravitaillée, et se mit en mesure de lui amener des vivres et des munitions. Abd-el-Kader, qui épiait les mouvements du général, réunit des forces considérables pour l'empêcher de jeter ses provisions dans le Méchouar. Le général Bugeaud comptait là-dessus et ne désirait rien tant que de se faire attaquer par le sultan, pourvu que ce fût dans un lieu favorable. Il prit toutes ses précautions en conséquence, et le succès en prouva la sagesse.

« Abd-el-Kader, instruit enfin de ma marche, se rapprocha de moi, dit ce général dans son rapport au maréchal Clauzel. A trois heures après midi, 1,500 à 2,000 chevaux, aux ordres de son lieutenant Ben-Koume, défilèrent, en vue de mon camp, sur la rive droite de l'Isser, et vinrent camper à une demi-lieue sur ma gauche. Le gros des forces remonta la rive gauche de l'Isser et vint camper à une lieue sur ma droite. Je jugeai que cette manœuvre avait pour but de m'enfermer, le lendemain matin, dans le profond ravin de la Sikkah, que je devais passer deux fois pour me rendre à Tlemcen. Je fis une reconnaissance pour chercher une autre route; mais toutes présentaient des difficultés, soit pour le combat, soit pour le convoi. Je me décidai à franchir la Sikkah, et je quittai mon camp à trois heures du matin, dans le double objet de passer le premier ravin et d'être plus près de Tlemcen, avant d'être attaqué, afin d'y jeter mon convoi et de reprendre l'offensive dès que je serais débarrassé de cet énorme empêchement. J'annonçai cette résolution aux troupes. « Vous serez attaquées, leur « dis-je, demain dans votre marche; vous saurez un temps « souffrir les insultes de l'ennemi et vous vous bornerez à le « contenir. Mais dès que je pourrai jeter le convoi dans « Tlemcen, vous prendrez votre revanche; vous marcherez à « lui et vous le précipiterez dans les ravins de l'Isser, de la « Sikkah ou de la Tafna. »

« Cela s'est vérifié avec un bonheur inouï. Malgré ma diligence, j'ai été attaqué par le camp de ma gauche, à quatre heures et demie du matin, lorsque mon convoi n'avait passé qu'à moitié le premier ravin de la Sikkah; je l'ai fait contenir par les Douers, un bataillon du 24e et un escadron du 2e chasseurs. »

Après avoir rendu compte de ces dispositions, le général Bugeaud continue ainsi :

« J'avais besoin de dix minutes de plus pour distribuer les rôles avec précision. Il fallait donner aussi le temps à l'ennemi de la Sikkah de la passer, afin de l'y précipiter. Abd-el-Kader n'a pas voulu me donner ces dix minutes; il a jeté sur moi mes tirailleurs et mes spahis, et s'est avancé en grosses masses informes, poussant des cris affreux. J'ai jugé que c'était l'instant de prendre l'offensive à mon tour et qu'un mouvement rétrograde pouvait tout compromettre. Après avoir lancé des obus et de la mitraille sur cette vaste confusion, toutes les troupes à la fois se sont ébranlées à mon commandement et ont abordé l'ennemi avec une grande franchise.

« Le combat du plateau était le plus considérable; les trois bataillons du colonel Combes ont agi avec une résolution et une vitesse remarquables pour des troupes si fatiguées par les marches et par la chaleur. Les cavaliers arabes étaient si nombreux, que la fusillade avec laquelle ils nous ont accueillis ressemblait à un feu de deux rangs de notre infanterie. Ils ont plié, mais avec lenteur. J'ai cru le moment favorable pour lancer sur eux le 2e chasseurs. J'ordonnai à ce régiment une charge à fond, qui eut d'abord un plein succès. Les Arabes qui se trouvèrent en face furent culbutés et un parti d'infanterie kabyle fut sabré; mais l'aile droite des Arabes ayant attaqué le flanc gauche des chasseurs, pendant que d'autre infanterie, sortie du ravin, les fusillait par le flanc droit, ils se sont retirés avec quelques pertes, et sont rentrés sous la protection des bataillons que je menais à leur secours presque à la course. L'artillerie, aux ordres du brave colonel Tournemine, suivait ces mouvements rapides, bien que cela parût impossible aupa-

7

ravant avec le matériel des montagnes. Les Arabes ont plié une seconde fois, une seconde fois aussi je leur ai lancé ma cavalerie. Mais alors 400 Douers m'avaient rejoint. Malheureusement, leur aga, Mustapha, venait d'être blessé d'une balle à la main. Malgré la privation de cet excellent chef, ils m'ont rendu de grands services; eux et les chasseurs se sont couverts de gloire. Tout a été culbuté, et la cavalerie arabe, embarrassée par son nombre même, a perdu beaucoup d'hommes, d'armes et de chevaux; ses morts et ses blessés sont restés en notre pouvoir. Alors Abd-el-Kader lui-même, dont nous avions aperçu le drapeau en arrière, au milieu de son infanterie régulière, s'est avancé avec cette réserve et la cavalerie qu'il a pu ramener. C'est la première fois, dit-on, qu'on a vu les Arabes employer une réserve ou l'engager avec tant d'à-propos. Ce dernier effort n'a pu nous arrêter un moment; nous nous sommes jetés sur cette troupe, qui, malgré un feu bien nourri, a été rompue et précipitée fatalement sur le point le plus difficile du ravin de l'Isser. Une pente assez rapide aboutit à un rocher taillé presque à pic, de trente ou quarante pieds au-dessus de la plage. C'est là qu'un carnage horrible commence et se poursuit, malgré mes efforts. Pour échapper à une mort certaine, ces malheureux se précipitent en bas du rocher, s'assomment ou se mutilent d'une manière affreuse. Bientôt cette triste ressource leur est enlevée: des chasseurs et des voltigeurs trouvent un passage et pénètrent dans le lit de la rivière; les ennemis sont cernés de toutes parts, et les Douers peuvent assouvir leur horrible passion de couper les têtes. Cependant, à force de cris et de coups de plat de sabre, je parviens à sauver 130 hommes de l'infanterie régulière. Je vais les envoyer en France. Je crois que c'est entrer dans une bonne voie. L'humanité et la politique en seront également satisfaites. Ces Arabes prendront en France des idées qui pourront fructifier en Afrique.

« Grand nombre de fusils donnés à Abd-el-Kader, au temps où il était notre allié, sont restés en notre pouvoir. Indépendamment des armes des tués et des blessés, beaucoup de soldats arabes avaient jeté leurs fusils pour se glisser dans les rochers, où ils avaient besoin de leurs deux mains. Nos Douers étaient porteurs chacun de deux ou trois têtes et de trois ou quatre fusils. Je leur ai donné tout l'argent que je possédais; mais je leur ai dit que c'était pour les prisonniers et non pas pour les têtes, qu'à l'avenir je n'en paierais aucune.

« La cavalerie arabe avait lâchement abandonné son infanterie, et s'était enfuie vers la Tafna. Je l'aperçus faisant mine de se rallier au bord du plateau, avant de descendre sur la rivière. Je marchai sur elle avec le 17e léger, le 47e, le 23e, l'artillerie laissant à la cavalerie le soin de poursuivre les restes de l'infanterie et des Kabyles. Cette cavalerie (celle de l'émir) ne m'attendit pas; elle passa la Tafna, et je m'arrêtai sur la rive droite, mes troupes étant très-fatiguées et la chaleur excessive.

« Revenons sur le premier champ de bataille, où le 62e et un bataillon d'Afrique ont dû charger l'ennemi qui avait attaqué le convoi, et dont une partie seulement avait passé la Sikkah, au moment où j'ai été obligé de prendre l'offensive. Cette portion fut précipitée dans le ravin et fusillée de très-près; elle éprouva des pertes énormes en hommes et en chevaux tués. Après cette charge victorieuse, le 62e, débarrassé de l'ennemi qu'il avait en face, vint appuyer mon mouvement victorieux.

« Dès que la victoire avait été à peu près décidée, j'avais fait filer le convoi sur Tlemcen. Quoique privé de mon parc à bœufs et de toute espèce de ressources pour les officiers, j'ai tenu à coucher sur le champ de bataille, pour mieux constater ma victoire. »

Ainsi, le général Bugeaud, qui avait promis de vaincre Abd-el-Kader, avait tenu parole dès la première rencontre.

L'émir avait prédit aux Arabes une grande victoire avant de livrer cette bataille; les soldats qui lui restaient, furieux de voir la manière dont cette prédiction s'était réalisée, pillèrent ses magasins et le quittèrent, après avoir même endommagé sa tente; 150 hommes seulement lui restèrent fidèles. Il rentra avec eux à Mascara, profondément triste, mais non découragé; et les Français ne l'y ayant pas suivi, Abd-el-Kader, animé d'une nouvelle confiance en son étoile, ne tarda pas à se voir entouré d'une armée non moins dévouée que celle qu'il avait perdue.

Le général Bugeaud quitta la province d'Oran, après avoir incendié les moissons des tribus qui avaient embrassé le parti de l'émir; extrémité cruelle, que la seule nécessité pouvait justifier.

X.

Première expédition contre Constantine. — Succès d'Abd-el-Kader. — Second Traité conclu entre les Français et l'émir. — Entrevue du général Bugeaud et d'Abd-el-Kader.

Le maréchal Clauzel, après quelques expéditions suivies de peu de succès dans la province d'Alger, résolut de s'emparer de Constantine. On lui avait assuré que cette ville, lasse de la tyrannie de son bey, ne demandait qu'à ouvrir ses portes aux Français. Trompé par ce rapport, le maréchal se mit en route avec 7,000 hommes, mal pourvus de vivres et de munitions. Le duc de Nemours, second fils de Louis-Philippe, faisait partie de cette expédition, qui partit de Bone par un temps affreux. Les troupeaux, effrayés par l'orage, se dispersèrent; l'armée en perdit une partie et n'arriva qu'après des fatigues excessives en vue de Constantine.

Pour se faire une idée de ces fatigues et de celles qu'ont éprouvées naguère encore nos soldats en Afrique et en Tunisie, il faut lire les pages pleines d'entrain d'un livre récemment publié par le docteur Bonnafont, sous ce titre : *Douze ans en Algérie*. L'auteur faisait partie de la première expédition dirigée sur Constantine, et voici ce qu'il en dit :

« L'armée n'avait guère fait plus de vingt kilomètres ; mais le jour eût-il duré davantage, je crois qu'elle aurait été hors d'état de pousser plus loin ; elle était vraiment accablée par une marche lente, très-pénible dans des terres fortes, profondément détrempées, sur un sol où de pied ferme on enfonçait jusqu'à mi-jambe, et, sous des rafales de pluie et de vent, les haltes n'étaient elles-mêmes qu'une fatigue. Cependant les souffrances que la nuit préparait devaient dépasser de beaucoup celles de la journée. On n'avait pas trouvé un fétu de bois pour préparer les aliments ou pour réchauffer ses membres mouillés et engourdis. Pas un feu, pas une lueur ne brilla dans ce sinistre bivouac. Le terrain n'était que fange et aspérités de rochers ; la bise soufflait avec colère ; une pluie glacée ne cessa de tomber à torrents, mêlée de nuages épais de neige à gros floçons ou d'ouragans de grêle....

« Le lendemain, vingt hommes étaient morts de froid ; beaucoup étaient incapables de marcher et même de se lever ; mais, quoique la souffrance fût peinte sur tous les visages, l'espoir d'entrer à Constantine ce jour-là même ranima les plus abattus. On se remit en marche, et la ville elle-même s'était offerte de loin aux yeux ravis de nos soldats ; les souffrances de cette cruelle nuit furent oubliées.

« La place était disposée à une résistance énergique ; quelques efforts que fissent les Français, ils ne purent l'emporter d'un coup de main ; et, comme ils manquaient de tout ce qui est nécessaire à une armée de siége, que le mauvais temps continuait, qu'il y avait un grand nombre de malades et de blessés, les assaillants reçurent l'ordre de rentrer au camp.

« On croirait volontiers, dit M. Bonnafont, que dans le vrai sens du mot, ils rentrèrent quelque part, tandis qu'ils ne firent que patauger dans la boue et la neige. Plusieurs zéphyrs, toujours ingénieux, trouvèrent cependant le moyen de se procurer un abri. Bien certainement les lecteurs ne devineraient jamais le genre d'habitation qui eut l'honneur de les recevoir, si je ne le leur apprenais.

« Le cimetière était occupé par le 3e bataillon d'Afrique, et les hommes, en raison de la légèreté de leur caractère, de leur intelligence et de la finesse de leur instinct, avaient été surnommés les zéphyrs; le bataillon, à son tour, reçut le même baptême : bataillon des zéphyrs.

« Un des hommes, accablé de fatigue, comme tous ses camarades, ne trouvant où s'asseoir sur un sol boueux, eut l'idée d'enlever l'ardoise qui fermait l'extrémité à jour d'une des nombreuses tombes, pour s'en faire un siége.

« L'ardoise ou la pierre enlevée, il sentit les pieds d'un squelette, ou mieux ses ossements. Grelottant de froid, probablement aussi de faim, il éprouvait un besoin impérieux de dormir; il compléta son idée en se disant que, s'il enlevait le contenu de cette tombe, il pourrait y trouver un refuge favorable contre le mauvais temps et propice au sommeil; ce qu'il fit soudain. Ses camarades, à son instigation, l'imitèrent, et, le lendemain, nous pûmes jouir de l'aspect pittoresque que présentait le cimetière, où, dans un grand nombre de tombes, les restes des vrais occupants, semés au hasard, avaient été remplacés par de vrais et bons vivants. Plusieurs n'ayant pu entrer qu'à moitié, on voyait leurs jambes se mouvoir dehors, au milieu de la neige, pendant que le reste du corps, chaudement abrité et singulièrement parfumé, savourait les délices d'un sommeil réparateur. Je crois que si l'armée était demeurée là quelques jours dans les mêmes conditions, toutes les tombes auraient été occupées et le cimetière transformé en vrai dortoir. Mais une pareille situation ne pouvait durer ; il fallait vaincre, s'en aller ou mourir.... ».

Deux attaques avaient échoué ; beaucoup de soldats tombaient malades, les vivres attendus n'arrivaient pas, et l'artillerie n'ayant plus de munitions, le maréchal Clauzel ordonna la retraite. On enleva les blessés à la hâte, sur des chevaux, des brancards, des couvertures, et l'on arriva au bord d'un torrent qu'il fallut franchir.

« Ici, le spectacle était indescriptible et navrant, ajoute le docteur. Jeune alors, mes émotions étaient vives et mon cœur saignait, à la vue de ces malheureux que le courant arrachait de la couverture, pour les entraîner dans le gouffre de l'éternité. Jetons un voile sur ce douloureux épisode. Je dirai seulement qu'en passant moi-même le Rummel, je tournai la tête en amont, afin d'éviter la vue de ce que le courant emportait en aval. ».

Le bey Achmet était sorti de Constantine dès qu'il avait vu les Français battre en retraite, et l'on pouvait craindre une sanglante défaite ou tout au moins un terrible carnage, s'il rejoignait nos troupes épuisées. Elles durent leur salut à l'héroïque valeur du commandant Changarnier, qui, à la tête de son bataillon, arrêta les ennemis.

Cette expédition coûta 2,000 hommes à notre armée. Elle fit perdre au maréchal Clauzel sa popularité ; et peu de temps après, il fut remplacé par le général Damrémont.

Après la bataille de la Sikkah, la province d'Oran ayant été dégarnie des troupes dont on avait besoin pour marcher sur Constantine, les tribus ennemies de la France se levèrent de nouveau, bloquèrent nos différents postes militaires et les réduisirent à la disette. Le général de Brossard, envoyé à Oran, traita, pour se procurer des vivres, avec les agents d'Abd-el-Kader, et leur donna des armes et des munitions en échange des grains et des troupeaux qu'ils lui fournirent.

Abd-el-Kader se fortifiait de nouveau dans cette province, quand il apprit que le général Bugeaud revenait en Algérie. Pour tenir tête à celui qui l'avait vaincu, il lui fallait des forces; il se mit en route avec un petit corps d'armée, reçut la soumission de plusieurs tribus puissantes, se fit reconnaître à Cherchell, entra dans Miliana, où il perçut les impôts; puis dans Médéah et Blidah, qui le reçurent avec enthousiasme.

Après cette tournée, dont les résultats l'avaient surpris lui-même, Abd-el-Kader, rentré dans la province d'Oran, enhardi par le désastre de Constantine, et sûr de ceux qui venaient de se donner à lui, fit proposer au maréchal Clauzel et au général Bugeaud de conclure avec les Arabes une paix définitive.

Le général Bugeaud, qui préparait alors une grande expédition, prêta l'oreille aux propositions d'Abd-el-Kader et conclut avec lui le traité de la Tafna, dont voici les conditions :

« 1° L'émir reconnaît la souveraineté de la France en Afrique.

« 2° La France se réserve, dans la province d'Oran, Mostaganem, Mazagran, et leurs territoires, Oran, Arzew; plus un territoire ainsi délimité : à l'est, par la rivière de la Markta et le marais d'où elle sort; au sud, une ligne partant du marais ci-dessus mentionné, passant par le bord sud du lac Segha, et se prolongeant jusqu'à l'Oued-Helad, dans la direction de Sidi-Saïd, et de cette rivière jusqu'à la mer, de manière que tout le territoire compris dans ce périmètre soit français. — Dans la province d'Alger, Alger, le Sahel, la plaine de la Mitidja, bornée à l'est jusqu'à l'Oued-Kadra et au delà; au sud, par la première crête du petit Atlas, jusqu'à la Chiffa, en y comprenant Blidah et son territoire; à l'ouest, par la Chiffa, jusqu'au coude de Mazagran, et de là par une ligne droite jusqu'à la mer, renfermant Zoliah et son territoire.

« 3° L'émir administrera la province d'Oran, celle de

Titterie, et la partie de celle d'Alger qui n'est pas comprise à l'ouest dans les limites indiquées à l'article II. Il ne pourra pénétrer dans aucune partie de la régence.

« 4° L'émir n'aura aucune autorité sur les musulmans qui voudront habiter sur les territoires réservés à la France ; mais ceux-ci resteront libres d'aller vivre sur le territoire dont l'émir a l'administration, comme les habitants du territoire de l'émir pourront venir s'établir sur le territoire français.

« 5° Les Arabes vivant sur le territoire français exerceront librement leur religion. Ils pourront y bâtir des mosquées et suivre en tous points leur discipline religieuse, sous l'autorité de leurs chefs spirituels.

« 6° L'émir donnera à l'armée française 30,000 fanègues (d'Orient) de froment, 30,000 fanègues d'orge, 5,000 bœufs. La livraison de ces denrées se fera à Oran par tiers : la première aura lieu du 1er au 15 septembre 1837, et les deux autres de deux mois en deux mois.

« 7° L'émir achètera en France la poudre, le soufre et les armes dont il aura besoin.

« 8° Les Koulouglis qui voudront rester à Tlemcen ou ailleurs y posséderont librement leurs propriétés et y seront traités comme les Hadurs. Ceux qui voudront se retirer sur le territoire français pourront vendre ou affermer librement leurs propriétés.

« 9° La France cède à l'émir Harchsgoum, Tlemcen, le Méchouar, et les canons qui étaient anciennement dans cette citadelle. L'émir s'engage à faire transporter à Oran tous les effets, ainsi que les munitions de guerre et de bouche de la garnison de Tlemcen.

« 10° Le commerce sera libre entre les Arabes et les Français, qui pourront s'établir réciproquement sur l'un ou sur l'autre territoire.

« 11° Les Français seront respectés chez les Arabes, comme

les Arabes chez les Français. Les fermes et les propriétés que les sujets français auront acquises ou acquerront sur le territoire arabe, leur seront garanties; ils en jouiront librement, et l'émir s'oblige à leur rembourser les dommages que les Arabes leur feraient éprouver.

« 12° Les criminels des deux territoires seront réciproquement rendus.

« 13° L'émir s'engage à ne concéder aucun point du littoral à une puissance quelconque sans l'autorisation de la France.

« 14° Le commerce de la régence ne pourra se faire que dans les ports occupés par la France.

« 15° La France pourra entretenir des agents auprès de l'émir et dans les villes soumises à son administration, pour servir d'intermédiaires près de lui aux sujets français, pour les contestations commerciales ou autres qu'ils pourraient avoir avec les Arabes. L'émir jouira de la même faculté dans les villes et ports français. »

Pendant que le général Bugeaud traitait avec Abd el-Kader, le général Damrémont, après avoir vaincu les tribus insurgées de la province d'Alger, se disposait à joindre ses troupes à celles de la province d'Oran, pour écraser l'émir. On comprendra donc facilement avec quelle peine il apprit que de nouvelles conventions avec les Arabes venaient d'être signées. Louis-Philippe ratifia le traité; mais l'opinion publique se prononça contre le général Bugeaud, qui venait ainsi de reconnaître à Abd-el-Kader une autorité plus grande que celle de la France.

Les ratifications du traité devaient être échangées entre le général et l'émir dans une entrevue fixée au 1er juin (1837). Bugeaud quitta de bonne heure le camp de la Tafna pour se rendre au lieu désigné. Il emmenait toute sa cavalerie, son artillerie et six bataillons d'infanterie, qu'il disposa avec habileté, afin d'inspirer au sultan une haute idée du pouvoir de la

France, et il donna des ordres pour que l'émir fût reçu avec tous les honneurs militaires. Mais, à sa grande surprise, Abd-el-Kader, après l'avoir fait longtemps attendre, lui envoya un de ses ministres, chargé de lui remettre une lettre.

Le général écouta la lecture de cette lettre, et il ordonna à l'interprète d'inviter, pour toute réponse, Abd-el-Kader à venir lui livrer bataille.

— Je n'ai ici que la moitié de mon armée; mais qu'il vienne avec toutes ses forces, je l'attends.

L'envoyé de l'émir disparut, en déchirant de ses éperons les flancs de sa monture. Le général comptait voir, d'un instant à l'autre, l'émir s'approcher, soit comme allié, soit comme ennemi. Mais les heures s'écoulaient, et rien ne paraissant, il lui devint bientôt impossible de dissimuler son impatience. Les officiers et les soldats, habitués à lire sur cette mâle figure, se demandaient avec inquiétude comment les choses allaient se passer. Ils eussent voulu combattre; car tous ressentaient douloureusement l'affront fait à la France.

Quelques messagers arabes vinrent enfin : les uns dirent que le sultan n'avait pu quitter son camp que fort tard; les autres, qu'il ne tarderait point à arriver; le dernier, enfin, qu'Abd-el-Kader le suivait de très-près. Malgré cette assurance, cinq heures du soir sonnèrent sans que l'émir parût.

Le colonel Combes, qu'une sincère amitié unissait au général, quoique leurs opinions ne fussent pas tout à fait les mêmes, s'approcha de lui et lui demanda s'ils ne feraient pas bien d'aller attaquer l'émir, qui les traitait avec si peu de cérémonie. L'avis du colonel était, comme celui de toute l'armée, qu'il valait mieux combattre que de traiter.

— Si nous n'avons pas assez de vivres pour une campagne de quinze jours, dit-il, faisons-en une de huit jours; poursuivons l'ennemi sans relâche, et nous en viendrons à bout.

— J'ai autant de courage qu'aucun de vous, répondit le

général avec une colère mal contenue. Je serais le premier à demander le combat, si le combat était possible. Mais avec un ennemi insaisissable comme celui-là, que voulez-vous que je fasse? Pouvez-vous dire où il nous entraînera? Si j'avais une nombreuse armée, des vivres et des munitions, si mes ordres étaient respectés, je dirais : Marchons! Mais c'est sur moi que pèse la responsabilité, et je ne veux pas que la France me dise : Qu'as-tu fait de mes enfants?...

Bugeaud se décida enfin à marcher au-devant de l'émir.

Il partit, escorté seulement d'une vingtaine d'hommes; mais il n'alla pas loin. Un chef kabyle parut et s'avança vers lui. En même temps les Français virent l'armée d'Abd-el-Kader, rangée en bataille sur des hauteurs qu'une montagne plus élevée les avait empêchés d'apercevoir jusque-là. Ils craignirent une surprise et voulurent arrêter leur général.

— Il n'est plus temps, répondit Bugeaud.

Le chef arabe, ayant deviné la défiance des Français, leur fit dire par l'interprète qu'ils n'avaient rien à craindre.

— Les Français ne connaissent pas la peur, dit le général; mais ils trouvent fort inconvenant que ton maître me laisse venir à sa rencontre.

— Le voici, répondit l'Arabe.

En effet, le général et sa suite, arrivés à une courbe décrite par le chemin, virent Abd-el-Kader s'avancer vers eux, entouré de plus de 200 chefs arabes. Ce cortége était d'une magnificence dont la pompe militaire européenne ne peut donner l'idée. Ces 200 chefs, majestueusement drapés dans leurs haïcks blancs, montés sur des coursiers du désert, étaient pour la plupart des vieillards. Leur barbe argentée tombait sur leur poitrine, couverte d'une veste de couleur éclatante, rehaussée de broderies. Leur redoutable cimeterre pendait à la selle, et leurs jambes, chaussées de bottines de maroquin rouge, faisaient exécuter à leurs chevaux toutes sortes de manœuvres, propres à faire reconnaître aux Français la supériorité de la cavalerie arabe sur la leur.

Abd-el-Kader, entre autres, se montra, ce jour-là, un écuyer consommé. Son cheval, noir comme l'ébène, faisait des sauts à désarçonner tout autre que l'émir, puis il se dressait sur ses pieds de derrière et balayait la terre de sa longue crinière. Le sultan s'étant arrêté, le général marcha vers lui. Ils se donnèrent la main. Bugeaud étant descendu de cheval, Abd-el-Kader en fit autant et s'étendit tout de son long sur l'herbe. Le général s'assit auprès de lui. L'interprète se tint debout à leurs côtés, et les chefs, restés à cheval, se formèrent en demi-cercle autour d'eux.

« Au milieu de ces groupes remarquables, nous ne savions sur qui attacher nos regards, dit un témoin oculaire, sur l'émir, sur ces chefs qui, dans leur costume long et ondoyant, avaient une contenance si majestueuse, ou sur l'armée arabe qui, forte de 8,000 hommes de cavalerie et d'autant de fantassins, couvrait toutes les montagnes, présentant un aspect fantastique. Un profond silence se fit, et l'entretien commença.

« L'émir fit observer que si on ne lui livrait pas Tlemcen, il ne voulait pas conclure la paix, mais seulement un armistice. Bugeaud lui répondit :

« — Il est possible que ce ne soit qu'un armistice; mais toi seul y gagneras. Ne crains-tu pas mon artillerie? Si je détruisais, si je brûlais tes moissons?....

« — Le soleil est pour moi l'artillerie qui exterminera tes armées, répondit Abd-el-Kader. Continue à brûler nos récoltes, nous saurons trouver du blé ailleurs. Notre pays est grand, et tu ne pourras nous suivre avec tes armées, que décimeront la chaleur et les épidémies. Partout où tu te montreras, nous nous retirerons, et les vivres finiront par te manquer. Nous autres nomades, nous trouvons partout assez pour nous nourrir. Jamais nous ne tomberons en ta puissance. »

La conversation dura pendant une demi-heure environ, puis Abd-el-Kader demanda la ratification du traité par le roi des Français. Le général se leva aussitôt, et comme le sultan affectait de rester assis, Bugeaud le prit par la main et le fit lever, en lui disant :

— Quand un général français se lève, tu peux bien en faire autant.

Abd-el-Kader comprit-il ces paroles? Nous l'ignorons; mais il sourit au général. Quant aux Arabes, ils crurent tout simplement que le chef français, en tendant la main au sultan pour l'aider à se lever, avait rempli à son égard l'office d'un serviteur.

L'entretien terminé, l'émir s'élança sur son cheval et repartit au galop, suivi de son escorte, tandis que toute l'armée arabe poussait un immense hourra, auquel se joignaient, pour compléter l'effet magique de cette scène, les roulements prolongés du tonnerre.

Quand Mustapha-Ben-Ismaïl, ancien ennemi d'Abd-el-Kader, retiré au camp des Français, apprit ce qui s'était passé, il s'écria avec une profonde amertume :

— Il ne me reste plus qu'à me rendre à la Mecque et à y faire pénitence, pour avoir accordé tant de confiance aux Francais.

Il n'avait pas voulu jusque-là croire à la paix, bien qu'on lui eût affirmé qu'elle était signée; il comptait que, pendant cette entrevue, l'orgueil de l'émir révolterait la fierté du général français, et qu'il déchirerait ce traité conclu dans un moment de faiblesse.

Le général Bugeaud quitta l'Afrique et revint à Paris, où il avait à justifier sa conduite en ces circonstances.

XI.

Prise de Constantine. — Les Sœurs de Charité. — Clémence d'Abd-el-Kader. — Expédition des Bibans. — Insurrection générale. — Défense de Mazagran. — Victoire de la Mouzaïa.

Le traité signé avec Abd-el-Kader laissant au général Damrémont la libre disposition des troupes employées jusque-là à tenir tête à l'émir, il résolut de tenter une nouvelle expédition sur Constantine; mais, averti par l'expérience du maréchal Clauzel, qui avait en vain sollicité l'autorisation de prendre sa revanche, le général fit toutes ses dispositions, de manière à en assurer le succès.

L'armée, forte de 10,000 hommes et abondamment pourvue de vivres et de munitions, quitta Bone le 1er octobre 1837. Le duc de Nemours, qui avait fait partie de la première expédition, fut chargé dans la seconde du commandement d'une brigade.

Achmet-Bey n'avait cessé, depuis l'échec éprouvé par

les Français, de se fortifier dans sa ville, persuadé que tôt ou tard ils reviendraient l'y attaquer. Cependant, quand il apprit qu'ils étaient prêts à marcher, il fit faire au général des propositions de paix, que celui-ci fut un instant sur le point d'accueillir; car il était de bonne politique de ne pas détruire le pouvoir d'Achmet, irréconciliable ennemi d'Abd-el-Kader. Mais le sentiment de l'honneur national parla plus haut que la politique, et les négociations furent rompues.

Dès qu'Achmet l'eut appris, il ordonna aux tribus de tout incendier sur le passage de l'armée française, et cet ordre fut exécuté. Toutefois, on arriva devant la place sans avoir eu trop à souffrir, si ce n'est du temps, qui était presque aussi froid et aussi mauvais que lors de la première attaque. Constantine fut investie le 6 octobre, et, après des fatigues inouïes causées par le mauvais état du terrain sur lequel il fallait faire mouvoir et installer l'artillerie, d'abord mal placée, la brèche fut ouverte.

Le général, désormais sûr du succès, puisqu'il connaissait l'héroïque intrépidité de ses troupes, adressa aux habitants de Constantine la proclamation suivante :

« Mes canons sont aux pieds de vos murs ; ils vont être renversés, et mes troupes entreront dans la ville. Si vous voulez éviter de grands malheurs, soumettez-vous pendant qu'il en est temps encore. Je vous garantis, par serment, que vos femmes, vos enfants et vos biens seront respectés, et que vous pourrez continuer à vivre paisiblement dans vos maisons. Envoyez des gens de bien pour me parler et pour convenir de toutes choses avant que j'entre dans la ville ; je leur donnerai mon cachet ; et ce que j'ai promis, je le tiendrai avec exactitude. »

Le parlementaire ne revint que le lendemain. Il rapportait cette réponse, de la part de Ben-Aïssa, préposé par le bey à la défense de la place :

« Si les Français manquent de munitions ou de vivres, nous

leur en enverrons, car Constantine en a plus qu'il ne lui en faut ; mais nous ne savons pas ce que c'est que de capituler : ou vous nous égorgerez tous jusqu'au dernier, ou nous serons vainqueurs. »

Achmet-Bey, moins fier que son lieutenant, écrivit au général français :

« Nous avons appris que vous avez envoyé un messager aux habitants de la ville, qui a été retenu par les chefs principaux, de peur qu'il ne fût tué par la population, par suite de son ignorance dans les affaires. Les mêmes chefs m'ont fait part de cette nouvelle pour avoir mon avis. Si votre intention est de faire la paix, cessez votre feu, rétablissez la tranquillité ; alors nous traiterons de la paix. Attendez vingt-quatre heures, afin qu'un personnage intelligent vous arrive de ma part, et que, par suite de notre traité, nous voyions éteindre cette guerre, d'où il ne peut résulter aucun bien. Ne vous inquiétez pas de votre messager, il est en sûreté en ville. »

Le général Damrémont voulut, avant de répondre à cette lettre, s'assurer de l'état de la place. Mais pendant qu'il examinait le feu, sans faire attention aux avertissements qui lui étaient donnés touchant le danger qu'il courait, un boulet arabe l'atteignit. Le général Perregaux, qui l'accompagnait, s'élança pour le relever et tomba lui-même frappé d'une balle.

Le lieutenant général Valée remplaça le général Damrémont, dont la perte fut vivement sentie par toute l'armée, et répondit à Achmet :

« Je vois avec plaisir que vous êtes dans l'intention de faire la paix et que vous reconnaissez qu'à cet égard nos intérêts sont les mêmes. Mais dans l'état où sont les opérations du siége, elles ne peuvent être suspendues, et aucun traité ne peut être signé par nous que dans Constantine. Si les portes nous sont ouvertes par vos ordres, les conditions seront les mêmes que celles déjà consenties par nous, et nous nous engageons à maintenir dans la ville le bon ordre, à faire respecter les personnes, les propriétés, la religion, et à occuper la ville de manière à lui rendre le fardeau de la présence de l'armée le moins dur et le plus court possible ; mais si nous y entrons par force, nous ne serons plus liés par aucun engagement antérieur, et les malheurs de la guerre ne pourront nous être attribués. Si, comme nous le croyons, votre désir de la paix est le même que le nôtre et tel que vous l'annoncez, vous sentirez le besoin d'une prompte réponse. »

Cette réponse n'arrivant pas, le général Valée disposa tout pour un assaut, qui devait être terrible.

Le 14 octobre, à sept heures du matin, le signal de l'attaque fut donné. Nos braves soldats s'élancèrent avec leur valeur accoutumée vers la brèche. Ils gravissent, en s'aidant des mains, sous le feu le plus vif, une pente rapide, semée de décombres qui roulent sous leurs pas ; mais rien ne les étonne, rien ne les arrête. Quelque diligence qu'ils fassent, leurs officiers les précèdent, et un capitaine de zouaves, M. de Garderens, plante le premier le drapeau français sur les murs de Constantine.

Mais ce n'était pas tout ; il fallait s'emparer de la ville, et la manière dont elle était construite, ne ressemblant à rien de ce qu'on avait vu jusque-là, rendait cette opération très-difficile. Il fallut prendre d'assaut un grand nombre de maisons, percer des murs, enlever des barricades, repousser l'ennemi pied à pied. Officiers et soldats montrèrent le même héroïsme et bravèrent la mort sous quelque forme qu'elle se présentât. Un passage voûté s'écroula sur les hommes du 2e léger, une poudrière sauta et produisit un grand désastre parmi les zouaves. Le colonel Combes prit la place de Lamoricière blessé ; il ranima l'ardeur des troupes, un instant déconcertées par ce double accident, et attaqua l'ennemi à la baïonnette. Atteint lui-même de deux balles, il eut le courage de rester debout et de continuer à commander. Puis, sentant ses forces l'abandonner, il alla trouver le général en chef.

— Il n'y a plus qu'un effort à faire, lui dit-il, et la ville est à nous. Ce sera un beau succès dont jouiront ceux qui ne seront pas blessés mortellement.

Mais il l'était, lui ; car, cela dit, il s'affaissa sur lui-même, et trois jours après on lui rendit les derniers devoirs.

Le général Rulhières prit le commandement des troupes d'attaque, qui continuaient à combattre dans la ville ; il poursuivait l'œuvre de Lamoricière et de Combes, quand un parlementaire se présenta devant lui. Il l'envoya au général en chef.

— Ce sont les Turcs et les Kabyles, dit-il, qui ont organisé et soutenu cette terrible défense ; les habitants de Constantine sont innocents, et ils promettent aux Français la plus entière soumission.

Le général donna aussitôt l'ordre de cesser le feu et prit possession de la ville.

On s'occupa d'abord de fermer la brèche faite par nos canons, de réparer la Casaubah et d'établir des hôpitaux dans les maisons les plus vastes et les mieux situées. Puis, après avoir laissé prendre aux troupes un repos dont elles avaient grand besoin, le général en chef reprit à leur tête la route d'Alger. Il laissait à Constantine une forte garnison, sous les ordres du général Bernelle.

On établit sur un tertre, en dehors de la ville, un petit cimetière dans lequel furent enterrés les officiers morts sur la brèche, à l'exception du général Damrémont, dont le corps fut ramené en France et inhumé aux Invalides.

Les autorités indigènes de Constantine restèrent investies de leurs fonctions ; on leur fit prêter serment sur le Coran, de ne rien tenter contre la France. Les propriétés du bey furent adjugées à l'Etat ; les habitants de Constantine conservèrent les leurs, sous l'obligation de payer l'impôt. La mosquée du bey fut transformée en église et vouée au culte catholique. Cette mosquée, riche des legs et des donations qui lui avaient été faits, possédait un revenu annuel de 18,000 fr. environ. Les biens de la mosquée furent conservés à l'église catholique ; seulement elle fit deux parts de son revenu, et en consacra une à l'entretien de l'hôpital.

Des sœurs de charité accoururent pour soigner les blessés et s'installèrent dans cet asile de la souffrance. Les Arabes, comme les Français, furent l'objet de leurs soins ; et quand il n'y eut plus de victimes de la guerre à consoler et à guérir, ces saintes femmes reportèrent toute leur sollicitude sur les indigènes. On sait combien est peu féconde en ressources la médecine arabe. Les Bédouins et les Kabyles trouvèrent les sœurs plus habiles que leurs docteurs, et, comme elles ne leur inspiraient pas la même méfiance que les chirurgiens français, ils vinrent à elles en grand nombre. Les dignes religieuses, loin de repousser ces malheureux, presque tous attaqués de hideux ulcères, les accueillirent avec une tendre pitié, les pansèrent, leur remirent les médicaments dont ils avaient besoin et les renvoyèrent pleins de reconnaissance et d'admiration.

La prise de Constantine eut un grand retentissement parmi les tribus et en France, où depuis longtemps ne parvenaient guère de bonnes nouvelles. Mais Abd-el-Kader ne s'en émut point. Achmet-Bey, dernier représentant de la puissance turque en Algérie, avait toujours été, à ses yeux, l'ennemi des Arabes. Il écrivit donc aux tribus, non-seulement pour les rassurer, mais pour les inviter à rendre grâces à Allah, qui s'était servi des chrétiens pour chasser les tyrans, et les convier à la guerre sainte contre ces infidèles.

Il avait su établir l'ordre et la sécurité dans les provinces que les Français lui avaient assignées et les faire jouir d'une prospérité qu'enviaient les tribus soumises à notre domination. Il montrait son génie en toutes choses, et ne négligeait rien de ce qui pouvait étendre sa réputation et le montrer supérieur aux autres hommes. On raconte qu'un nègre, envoyé par ses ennemis pour l'assassiner, parvint, malgré ses gardes, à pénétrer dans la tente où il tenait conseil, entouré des principaux chefs. Arrivé devant l'émir, le nègre s'arrêta tout troublé, et, saisissant son poignard, il le brisa en s'écriant :

— J'ai mérité la mort ; car j'étais venu pour frapper de ce fer le prince des croyants. Mais j'ai vu l'auréole du prophète autour de son front, et ma main a tremblé.

Le nègre se prosterna et attendit la mort. Abd-el-Kader, aussi calme que s'il n'eût pas couru le moindre danger, se leva, vint à lui, et, le touchant au front, il lui dit avec douceur :

— Nègre, relève-toi. Allah pardonne au repentir, et moi aussi je te pardonne. En te touchant du doigt, j'ai fait un honnête homme de l'infâme assassin qui avait pénétré sous ma tente. Va, et rends grâces au prophète.

Cette noble vengeance excita l'admiration des tribus et gagna de nombreux partisans à l'émir.

Abd-el-Kader, se trouvant bientôt trop à l'étroit dans les limites fixées par le traité de la Tafna, s'avança jusque dans les montagnes qui séparent le territoire d'Alger de celui de Titterie. Une nouvelle explication de ce traité fut jugée nécessaire ; mais l'émir se souciait peu des diverses interprétations qu'on en pouvait faire ; il poursuivait sans repos ni trêve l'œuvre à laquelle il se croyait appelé.

Le maréchal Valée prit des mesures efficaces pour s'opposer à l'influence croissante d'Abd-el-Kader ; il établit sur le territoire français des postes militaires importants ; il fit mieux encore, il se mit en relation avec les chefs de tribus et sut leur persuader que la France ne serait pas pour eux un maître aussi impérieux et aussi redoutable que le sultan. Il en résulta une plus grande tranquillité parmi cette population, et le maréchal en profita pour faire étudier le plan d'une route destinée à relier Constantine à la mer.

Après avoir repoussé les Kabyles, il résolut d'établir par terre des communications entre Alger et Constantine. De là l'expédition des Bibans. Les Bibans sont une chaîne de montagnes entre lesquelles donnent accès ces gorges impraticables connues sous le nom de Portes-de-Fer, dont nous avons parlé dans notre premier chapitre. Le duc d'Orléans et le général Galbois, tous deux chargés du commandement d'une division, devaient diriger l'entreprise ; mais le général Galbois fut obligé de retourner sur ses pas, pour tenir en respect les partisans qu'Abd-el-Kader s'était faits dans la Medjanah. Le duc d'Orléans continua seul sa route. La gaîté avec laquelle il supporta les fatigues de cette marche à travers des montagnes presque inaccessibles, soutint l'ardeur des soldats, dont il était adoré pour sa bonté, son courage, sa grandeur d'âme et la noble affabilité de ses manières.

On arriva sans encombre jusqu'en face des fameuses Portes-de-Fer, devant lesquelles s'étaient arrêtés les Romains. Ces portes, masquées par d'immenses rochers à pic, sont au nombre de quatre et se trouvent placées à la suite l'une de l'autre, de telle sorte qu'il faut les traverser toutes pour franchir les Bibans.

Les troupes s'engagèrent sans crainte, mais avec curiosité, dans l'espèce d'entonnoir au fond duquel s'ouvre la première porte, formée par de gigantesque rochers qui s'élancent vers les nues ; elles parcoururent l'étroit défilé qui donne accès à la seconde porte, puis à la troisième, peu éloignée de la seconde. Là, le passage s'élargit un peu, mais l'obscurité y règne, les rocs se rejoignant complétement à une très-grande hauteur. Enfin, la dernière porte fut franchie et laissa voir à nos soldats une vallée qu'ils trouvèrent magnifique, en comparaison des défilés qu'ils venaient de traverser.

Un orage ayant éclaté, ils furent obligés de faire halte en un lieu appelé le Chemin de la Soif, parce que l'Oued-Maleh, qui l'arrose, coule sur un terrain imprégné de sels de magnésie, ce qui en interdit l'usage. Après avoir donc enduré la soif, plus terrible que la faim, le petit corps d'armée se remit en route et ne tarda pas à rencontrer les Arabes soulevés par les agents d'Abd-el-Kader. Le duc d'Orléans fit habilement ses dispositions, mit les ennemis en déroute, s'empara du fort de Hamza, qu'il détruisit, et ramena heureusement sa division à Alger.

Abd-el-Kader, qui, depuis le traité conclu avec le général Bugeaud, n'avait employé la paix qu'à se préparer à la guerre, trouvant le moment arrivé de la déclarer, prit pour prétexte de rupture la destruction du fort de Hamza. A son appel, les tribus se soulevèrent sur tous les points, et, tombant à la fois sur tous les postes français, elles les empêchèrent de se porter mutuellement secours. Ils durent se borner à la défensive ; ce qui enhardit les Arabes et décida les tribus fidèles jusque-là à prendre part à l'insurrection. Le maréchal Valée demanda des renforts en France, et, dès qu'ils furent arrivés, il les distribua en plusieurs colonnes, qu'il lança d'abord sur les lieux où le besoin s'en faisait le plus vivement sentir. Ces colonnes repoussèrent partout les Arabes, et leur firent éprouver de grandes pertes.

Le fait le plus glorieux de cette campagne fut l'héroïque résistance du fort de Mazagran.

Ce petit fort, dépendant de Mostaganem, fut assailli par les Kabyles, au nombre de 15,000, La garnison, qui se composait de 123 hommes, tint bon, dans l'espérance de recevoir de prompts secours ; mais ces secours n'arrivaient point, et le canon des tribus avait déjà ouvert une brèche aux murailles. Le capitaine Lelièvre, qui commandait cette petite poignée de braves, leur inspira la résolution de mettre le feu aux poudres plutôt que de se rendre, et tous, ayant accepté avec joie cette mort glorieuse, voulurent du moins vendre chèrement leur vie. Ils tuèrent ou blessèrent un millier d'Arabes, et ces pertes paraissant à Ben-Thami, chef des Kabyles, trop grandes pour l'avantage qu'il retirerait de la possession du fort, il donna l'ordre du départ, après cinq jours d'attaques inutiles. A peine les Kabyles avaient-ils disparu, que le renfort attendu par la garnison arriva. Quoique plusieurs prétendent que le nombre des ennemis repoussés par les héros de Mazagran ait été exagéré, ce n'est pas moins une défense digne des plus beaux temps de l'antiquité.

Mais toute la valeur de nos soldats, toute l'habileté de leurs officiers venaient échouer contre le plan de campagne adopté par Abd-el-Kader. Il eût fallu des troupes innombrables pour combattre des ennemis qui étaient partout et nulle part, qui se dispersaient dès qu'on les attaquait et qui reparaissaient aussitôt que les Français s'étaient retirés.

Le maréchal donna des ordres pour qu'une nouvelle expédition eût lieu contre Médéah, qu'il voulait occuper, ainsi que Cherchell et Miliana. Les soldats demandèrent que le duc d'Orléans en prît le commandement, et le jeune duc d'Aumale, son frère, voulut en faire partie. Le jeune prince se distingua dans un premier engagement, où les Arabes furent culbutés et mis en fuite.

Le 12 mai 1840, l'armée expéditionnaire arriva au col de la Mouzaïa, passage fameux où, lors de la première occupation de Médéah, les troupes françaises s'étaient couvertes de gloire. Cette fois, la victoire devait être plus glorieuse encore. Abd-el-Kader avait fait élever une redoute sur le point le plus important du défilé, et de redoutables batteries garnissaient les hauteurs. Puis, non content d'avoir fortifié ce passage, déjà si fort par sa situation même, il avait excité le zèle de ses défenseurs par la promesse des plus magnifiques récompenses. Aussi la résistance fut longue, acharnée et meurtrière. Ce ne fut qu'après des prodiges d'audace et d'intrépidité qu'au bout de trois heures, les Français se rendirent maîtres du défilé. Changarnier, Lamoricière, Duvivier, se distinguèrent particulièrement dans cette journée.

Après cette victoire, Médéah fut facilement emporté et laissé à la garde du lieutenant-colonel Cavaignac, qui avait prouvé, dans le commandement du Méchouar de Tlemcen, ce qu'on pouvait attendre de lui.

Les zouaves qui composaient la garnison de Médéah manquaient de tout; mais ils étaient déjà aussi ingénieux que braves; ils se fabriquèrent des lits avec des herbes sèches, qu'ils allèrent ramasser, malgré les tribus qui tenaient la campagne; ils firent de l'huile pour s'éclairer et filèrent des mèches d'étoupes. Quand ils n'eurent plus de vivres, ils en allèrent chercher dans la vallée d'Ouzera. Ils vidèrent les silos des indigènes, enlevèrent leurs troupeaux, ramenèrent leur butin à Médéah, se préparèrent à repousser les tribus quand elles viendraient leur demander compte de cette razzia, et les repoussèrent en effet, quoiqu'elles leur fussent bien supérieures en nombre. Enfin, pendant près d'un an, ils ne permirent à aucun ennemi d'approcher de la place et l'en tinrent constamment à une portée de canon, limite fixée par leur chef.

Miliana ne fut pas défendue par Abd-el-Kader; il l'abandonna, après l'avoir en partie ruinée, et le général Changarnier s'y installa.

Malgré ces divers succès, le maréchal Valée, fatigué d'une guerre pour laquelle il ne pouvait obtenir des forces assez considérables, demanda un successeur. Ce fut le général Bugeaud.

XII.

Succès des Français. — Combat du 3 Mai. — Expédition de Tékédempt. — Affaire de l'Oued-Faddah. — Campagne de 1843. — Prise de la Smalah d'Abd-el-Kader.

Le général Bugeaud revenait en Afrique bien décidé à faire oublier, par la vigueur avec laquelle il poursuivrait Abd-el-Kader, le traité de la Tafna. Le général Bugeaud joignait à beaucoup de valeur, à une haute science militaire, la plus entière confiance dans le succès; et cette confiance, il savait la faire partager à ses troupes, sur lesquelles sa justice et sa bonté lui avaient acquis une grande influence. Il était réellement le père de ses soldats; avare de leur sang et de leurs sueurs, il ne les risquait que quand il lui était impossible de faire autrement; il veillait avec sollicitude à leurs besoins, se plaisait à les interroger, à leur parler de leur village, de leur famille, et s'assurait ainsi leur affection et leur dévouement.

Nommé gouverneur général de l'Algérie, il pouvait mieux

que personne accomplir de grandes choses, la confiance que le roi avait en lui devant lui faire obtenir tous les secours qu'il demanderait.

Il commença par ravitailler Médéah et Miliana ; ce qu'il ne fit pas sans avoir à combattre les Arabes. Ce ravitaillement opéré, Abd-el-Kader, espérant prendre une éclatante revanche de sa défaite de la Sikkah, vint, le 3 mai, attaquer son vainqueur. Quoique, par un mouvement imprévu des Arabes, les plans du général eussent été dérangés, il n'en resta pas moins victorieux sur tous les points. Abd-el-Kader, qui commandait en personne, ne put arrêter la déroute des siens. Reconnu lui-même par le commandant Youssouf, de la cavalerie indigène, il faillit tomber aux mains des Français. Youssouf, presque aussi bien monté que le sultan, le suivait de si près, qu'il l'entendait crier aux Arabes :

— Lâches ! vous fuyez devant un seul homme !

En effet, Youssouf seul s'était acharné à la poursuite de l'émir. Il l'eût atteint, si son cheval, qu'il avait trop pressé, ne se fût abattu au moment décisif.

Quelques jours après, une nouvelle victoire vint encore enflammer l'ardeur des Français. Le général, voulant en profiter, alla attaquer Tékédempt, ville ancienne qu'Abd-el-Kader avait relevée de ses ruines et dont il avait fait sa capitale, après avoir reconnu combien Mascara était exposé aux coups de ses ennemis.

La cavalerie arabe, postée sur les hauteurs voisines de Tékédempt, en défendit énergiquement l'entrée ; mais elle fut repoussée par les zouaves, et la ville fut ruinée. De là, le général se rendit à Mascara et en prit possession. Abd-el-Kader, à la tête d'une foule de cavaliers, l'avait suivi pendant toute la route, le harcelant quand il le pouvait, mais évitant tout engagement sérieux.

Avant de rentrer à Mostaganem, l'armée fut attaquée au

défilé d'Akket-Kredda par 6,000 Arabes ; mais là encore elle triompha. Elle ravitailla pour la seconde fois Médéah et Miliana, et le fit avec tant de bonheur, qu'elle ne perdit pas un seul homme.

La campagne de 1841 s'acheva comme elle avait commencé, par des succès, et eut pour résultat la pacification momentanée de presque toute l'Algérie.

Le général utilisa ce repos en assurant les communications entre les principales places possédées par les Français. Ces places étaient : Oran, Mostaganem, Tenez, Cherchell, Alger, Philippeville et Bone, qui formaient la ligne d'occupation maritime ; les autres, situées dans l'intérieur des terres, étaient Tlemcen, Mascara, Miliana, Médéah, Sétif, Constantine et Guelma. Le génie traça des routes entre ces divers points, construisit des ponts, éleva des villages, et des colonnes de troupes, allant sans cesse d'une place à l'autre, contribuèrent à la sécurité du pays. Un grand nombre de tribus se soumirent, et des relations commerciales s'établirent entre elles et les Français.

Cependant le calme n'était pas tel, que, de temps à autre, nos soldats et nos généraux ne trouvassent l'occasion de déployer une valeur digne de tout éloge. Le général Changarnier remporta sur les bords de l'Oued-Faddah une victoire chaudement disputée. Le général Castellane, en en rendant compte, s'exprimait ainsi sur quelques incidents du combat :

« Les troupes avaient atteint un endroit de la rivière où les deux berges, se rapprochant davantage, formaient un nouvel étranglement ; les Kabyles des tribus de la rive gauche occupaient alors aussi la rive droite, et les capitaines Magagnoz, des zouaves, et Castagny, des chasseurs d'Orléans, furent chargés de les débusquer, tandis que le capitaine Ribains, du même corps, eut l'ordre d'occuper la position de droite. C'était une cascade verticale de roches et de terrains schisteux, couverts de pins et de broussailles; un ruisseau traversait ces terres, qu'il détrempait, et se jetait ensuite dans la rivière. Le capitaine délogea les Arabes, occupa la position, assurant ainsi le libre passage de la colonne; mais lorsqu'il fallut la rejoindre, les Kabyles se ruèrent sur la petite troupe; quelques hommes, les premiers, essayèrent de descendre en ligne droite; le pied leur manqua sur ces terrains rendus glissants par l'eau, et neuf d'entre eux furent précipités d'une hauteur de quatre-vingts pieds. Ils roulèrent de rocher en rocher, d'escarpement en escarpement, bondissant sur les arêtes, cherchant en vain à se raccrocher aux broussailles, et tombèrent enfin dans le lit de la rivière; le reste de la compagnie s'était sur-le-champ jeté à droite, par une ravine, se laissant couler entre les arbres, pour rejoindre la colonne. Un de ces chasseurs, Calmette, est séparé de ses compagnons, entouré de Kabyles, poussé sur le bord d'un précipice; d'un coup de carabine, il en abat un, sa baïonnette en tue deux autres; mais enfin, il va tomber; alors, s'accrochant à deux Kabyles, il cherche encore, en les entraînant, à venger sa mort. La roche était à pic, ils tombèrent de ces hauteurs, et, par un bonheur inouï, le Kabyle que le chasseur tenait étroitement serré se trouva dessous lorsqu'il toucha la terre, et, par sa mort, lui sauva la vie. Le capitaine Ribains descendait le dernier de tous, semblant défier les balles ennemies, quand trois Kabyles s'élancèrent sur lui, et, le tirant à bout portant, lui fracassèrent l'épaule. Ses hommes, heureusement, purent le dégager. Tous se le rappellent encore, lorsqu'il passa devant le général, qui le félicitait de sa glorieuse conduite, son énergique figure respirait le légitime orgueil du devoir accompli; on sentait en lui la juste fierté d'un sang noblement répandu.

« La lutte sembla alors redoubler d'acharnement. La rivière s'élargissait un peu, et un escadron de cavalerie fut mandé à l'arrière-garde. Il n'y avait pas d'artillerie, les chasseurs d'Afrique la remplacèrent; le général les lançait comme des boulets, pour écarter les Kabyles furieux et permettre d'enlever les blessés. Bientôt mis hors de service, cet escadron fut remplacé par la division du capitaine Bérard. On les lança encore, et en dix minutes, un peloton entier, à l'exception du brave officier qui le commandait, le lieutenant Dreux, eut tout son monde hors de combat. MM. Sébastiani, Corréard, Paër, Fraîche, des zouaves, furent blessés ou tués à peu de distance. La troupe tenait bon pourtant. Comment aurait-elle pu faiblir, commandée par de tels officiers, quand elle voyait le capitaine Corréard, une balle dans le bras, menant encore ses hommes au feu, et M. Paër, le cou traversé, ne pouvant plus parler, mais frappant toujours? Les heures s'écoulaient, la nuit n'était pas loin, et la tête de la colonne, ayant atteint un endroit où le lit de la rivière formait un emplacement circulaire, s'était arrêtée pour le bivouac. Toutes les dispositions de sûreté furent prises immédiatement, puis l'on déposa les blessés dans les tentes de l'ambulance, que l'on avait dressées non loin de la tente du général. »

Après cette lutte glorieuse, Changarnier opéra une razzia sur les tribus qui l'avaient attaqué, et continua, pendant plusieurs mois, à inspirer aux ennemis une terreur salutaire. Le général en chef et le général Lamoricière n'ayant pas été moins heureux dans leurs entreprises, de nouvelles tribus firent leur soumission.

Abd-el-Kader ne se découragea point. Il reporta ses efforts du côté de Tlemcen; mais il ne put s'en emparer ni empêcher les Français de soumettre le territoire jusqu'à la frontière du Maroc. Il se retira à Tékédempt et eut la douleur de se voir abandonné par un grand nombre de ses partisans.

Bugeaud et Changarnier soumirent ensuite les tribus de l'Atlas, et le général Négrier imposa l'autorité française aux peuplades voisines de la régence de Tunis. Il planta le drapeau tricolore sur la vieille forteresse romaine de Tebessa, sans avoir été inquiété dans son expédition; au retour, il fut attaqué par les Arabes, au nombre de 6 à 700 seulement. Le colonel Noël obtint la permission de les repousser avec trois pelotons de 25 hommes, et s'en acquitta aux applaudissements du reste de la petite troupe. Deux jours après, une attaque beaucoup plus sérieuse eut lieu et ne réussit pas mieux que la première.

Le général Lamoricière tenait tête à Abd-el-Kader dans la province d'Oran; il le pressa si vivement, que l'émir, ne pouvant plus lui résister, se décida à gagner la partie de l'Atlas qui s'étend de Cherchell à Tessey, et à essayer d'en soulever encore une fois les tribus.

Il réussit à opérer ce soulèvement; mais les résultats n'en furent pas heureux pour lui. Non-seulement il fut battu sur tous les points, mais ceux de son parti exercèrent, en son nom, des cruautés sur les tribus qui n'avaient pas voulu le suivre, et ces cruautés lui firent plus de tort que les victoires des Français; car elles détachèrent de lui les populations et les rapprochèrent de nous.

Il serait difficile de suivre, dans leurs diverses expéditions, nos habiles généraux. Nous dirons seulement que tous rivalisant d'ardeur au combat et d'humanité après la victoire, contribuèrent efficacement à diminuer la haine que les Arabes et les Kabyles portaient au nom français.

Abd-el-Kader, ayant complétement échoué dans le grand coup qu'il avait voulu tenter, rentra dans la province d'Oran, pour tâcher d'y reconquérir son ancienne influence; mais il n'y réussit point, grâce à l'activité avec laquelle les généraux français déjouèrent toutes ses entreprises.

Dans la province de Constantine, un nouveau chef arabe, Sy-Zedgoud, s'était élevé, prêchant la guerre sainte et donnant l'exemple de la révolte. Le général Baraguey-d'Hilliers, chargé de le réduire, battit ses troupes, les poursuivit, et l'atteignit lui-même dans le marabout d'Akeïcha, où il fut tué.

Pendant que les Français obtenaient ces succès sur les divers points de la régence, le gouverneur général faisait prendre les plus sages mesures pour aider à la pacification des esprits. Les coutumes, les mœurs, la religion des tribus soumises étaient sévèrement respectées, et les Arabes commençaient à comprendre que ces chrétiens, qu'ils avaient tant redoutés, ne voulaient que l'ordre et la civilisation.

Abd-el-Kader, cependant, était toujours debout; il luttait héroïquement contre la mauvaise fortune, en attendant des jours meilleurs. Depuis que la plupart des tribus l'avaient abandonné, il ne lui restait plus que quelques bataillons de la milice régulière, les marabouts qui s'étaient trop hautement déclarés en sa faveur pour oser le quitter, et un petit nombre de partisans dévoués. Avec cette poignée d'hommes, il avait à se défendre contre les Français, ou plutôt à leur échapper, et à protéger sa smalah.

La smalah d'Abd-el-Kader se composait de sa famille, de celle des guerriers qui lui étaient restés fidèles, des vieillards, des serviteurs, des transfuges et de quelques prisonniers. La smalah établissait ses tentes au lieu désigné par l'émir, qui, pour la soustraire plus sûrement aux attaques des Français, avait soin de les attirer toujours d'un autre côté.

Le général Bugeaud, ayant appris qu'on avait vu dans l'Ouaransenis le campement d'Abd-el-Kader, ordonna au duc d'Aumale et au général Lamoricière de marcher contre lui. Le duc d'Aumale se mit en route avec 1,900 hommes, le 10 mai 1843. Il surprit le village de Gaugilat, près duquel il croyait qu'était placée la smalah; mais il sut bientôt qu'elle était à quinze lieues plus loin. Il reprit sa marche; mais des éclaireurs arabes lui ayant dit que l'émir se dirigeait vers Taguin, il laissa là une partie de son infanterie et s'élança avec 600 chevaux à la recherche d'Abd-el-Kader.

Le 16 mai, vers midi, l'avant-garde se trouva tout à coup, sans s'en douter, près de la smalah. Les cavaliers qui reconnurent les premiers ces tentes retournèrent près du jeune duc et l'engagèrent à attendre les zouaves, qui ne devaient pas tarder à le rejoindre.

— Jamais nul de ma race n'a reculé, répondit-il.

— Que faut-il donc faire, Monseigneur? demanda le colonel Youssouf.

— Il faut entrer là-dedans, répondit le jeune prince.

Entrer avec 250 hommes dans la smalah, qui comptait au moins 40,000 âmes, c'était à n'y pas croire; aussi Youssouf se fit-il répéter cet ordre. Sûr alors d'avoir bien entendu, il s'élança avec son avant-garde et pénétra au milieu des tentes, aux cris des femmes, qui venaient d'apercevoir les Français, et qui commençaient à fuir de tous côtés. Les soldats d'Abd-el-Kader s'arment aussitôt et se précipitent à la rencontre des assaillants. Le duc d'Aumale partage les hommes qui lui restent en trois groupes, dont l'un attaque la droite, l'autre la gauche, et le troisième le centre de la smalah. Ils fondent avec tant d'impétuosité sur l'ennemi, que tout plie devant eux et que bientôt ils restent maîtres du campement.

« La smalah d'Abd-el-Kader est prise, dit le jeune prince dans son rapport au général en chef, son trésor pillé, les fantassins tués ou dispersés. Quatre drapeaux, un canon, deux affûts, un butin immense, des populations et des troupeaux considérables sont tombés en notre pouvoir. »

Après avoir rendu compte des dispositions prises par lui, le duc d'Aumale continue ainsi :

« A gauche, les spahis, entraînés par leurs braves officiers, attaquent le douar d'Abd-el-Kader, et culbutent l'infanterie régulière, qui se défend avec le courage du désespoir. Sur la droite, les chasseurs traversent toutes les tentes sous une vive fusillade, renversent tout ce qu'ils rencontrent et vont arrêter la tête des fuyards, que de braves et nombreux cavaliers cherchent vainement à dégager. Ici, mon général, ma tâche devient plus difficile. Il faudrait vous raconter mille traits de courage, mille épisodes brillants de ce combat individuel, qui dura plus d'une heure. Officiers et soldats rivalisèrent et se multiplièrent pour dissiper un ennemi si supérieur en nombre. Nous n'étions que 500 hommes, et il y avait 5,000 fusils dans la smalah. On ne tua que des combattants, et il resta 300 cadavres sur le terrain.

« Quand les populations prisonnières virent nos escadrons, qui avaient poursuivi au loin les cavaliers ennemis, elles demandaient à voir leurs vainqueurs et ne pouvaient croire que cette poignée d'hommes eût dissipé cette force immense, dont le prestige moral et réel était si grand sur les tribus.

« Nous avons eu 9 hommes tués et 12 blessés. »

Le général Lamoricière, apprenant le succès du duc d'Aumale, marcha à la hâte pour l'aider à en recueillir le fruit. Il fit preuve, en cette occasion, d'autant d'humanité qu'il avait souvent montré de bravoure. La tribu fugitive des Hachems tomba entre ses mains, avec des troupeaux, des chevaux; en un mot, avec tout ce qu'elle avait pu sauver du désastre de la smalah.

« Je ramène à ma suite, écrivit ce général au gouverneur de l'Algérie, toute cette population ruinée, et je vais la faire reconduire dans la plaine d'Egris, d'où elle est partie, il y a un mois à peine. Malgré leur défection récente, je ne puis enlever à ces gens tous leurs troupeaux, qui forment leur unique ressource. Ils sont exténués de fatigue et de faim; j'ai été obligé de leur donner aujourd'hui un jour de repos, et de leur livrer un peu de biscuit. Les Sedamas et les Kallafas, d'après mes ordres, viennent de leur envoyer quelques provisions. On viendra au-devant d'eux, de Mascara, et on les aidera sur la route.

« Rendus chez eux, ils y trouveront quelques ressources, et bientôt les moissons que j'avais fait saisir, et dont on leur rendra une partie. »

La prise de la smalah produisit le plus grand effet sur les tribus, et porta un coup terrible à la puissance d'Abd-el-Kader. De tous côtés, les généraux reçurent des députés chargés de leur offrir la soumission des peuplades, et la générosité dont les vainqueurs firent preuve en maintes rencontres rendit cette soumission plus sincère.

ALGER.

(Algérie.)

XIII.

Mort de Sidi-Embareck. — Visite au camp d'Abd-el-Kader.

L'année 1843 fut terrible pour Abd-el-Kader. Après la prise de la smalah, il perdit encore son plus fidèle ami, son plus hardi défenseur, Sidi-Embareck. Loin de se laisser abattre par le malheur de l'émir, malheur que lui aussi partageait, puisque ses femmes, son fils, son frère et plusieurs autres membres de sa famille étaient tombés aux mains des Français, Sidi-Embareck réunit autour de lui les troupes régulières qui avaient échappé à la mort et à la captivité, et reforma la smalah dans les environs de Mascara.

Les Français, l'ayant appris, marchèrent contre lui; ses soldats, au lieu de se disperser, comme c'était assez leur habitude quand ils n'étaient pas les plus forts, se firent hacher plutôt que de l'abandonner. Resté presque seul et poursuivi par les vainqueurs, Sidi-Embareck vendit chèrement sa vie; mais enfin il fut atteint et tué par le brigadier Gérard.

Des spahis qui arrivèrent sur le lieu du combat lui coupèrent la tête, suivant la coutume des Arabes. Les spahis, quoique servant la France, étaient d'origine arabe ou mauresque ; c'était la cavalerie indigène, comme les zouaves en étaient l'infanterie. Des volontaires français entrèrent plus tard dans ces corps, et durent adopter le costume oriental, donné d'abord à la milice africaine.

La tête de Sidi-Embareck fut portée à Miliana, où elle demeura pendant trois jours exposée aux regards des musulmans, puis on l'enterra avec tous les honneurs militaires; car c'était un ennemi mort vaillamment, et l'on n'avait voulu qu'inspirer une crainte salutaire aux partisans d'Abd-el-Kader, en les convainquant de la perte de Sidi-Embareck. Le corps de ce brave guerrier fut inhumé à Tékédempt, par les soins de l'émir.

Les généraux français poursuivirent le cours de leurs succès, en faisant rentrer dans l'ordre les tribus qui s'étaient soulevées dans plusieurs provinces et en en soumettant de nouvelles.

Abd-el-Kader, n'ayant plus de ressources en Algérie et se voyant abandonné des Arabes que sa mauvaise fortune avait découragés, ne renonça pas cependant à continuer la guerre; à défaut des forces sur lesquelles il ne pouvait plus compter dans la régence, il tourna ses regards vers l'empire du Maroc.

Avant de l'y suivre, nous allons donner à nos jeunes amis quelques détails sur la vie de ce grand homme, sur ses habitudes et son caractère. Nous croyons ne pouvoir mieux faire que de les emprunter au récit fait par M. Suchet, vicaire général de l'Algérie, d'une visite à Abd-el-Kader, visite qui avait pour objet la délivrance des prisonniers français :

« De grand matin, nous nous mîmes en route, sans trop savoir où nous allions. Tékédempt nous avait été désigné comme la retraite qu'Abd-el-Kader aurait probablement choisie, après la prise de Mascara. Nous nous dirigeâmes de ce côté.

Je ne pourrais vous dire tout ce que la sauvagerie de mon guide me fit souffrir pendant ce voyage. C'était un jeune homme d'une taille et d'une force athlétiques, vrai type de Bédouin, qui, ne consultant ni mes besoins ni mes fatigues, ni même celles de mon cheval, qui mourut en route, me menait sans ménagement et sans pitié, comme si j'eusse été le plus robuste des Arabes du désert. Souvent il me faisait cheminer tout un jour, sans m'accorder nul repos, sous un ciel de feu, à travers les rochers et les précipices, ou au milieu de plaines brûlantes. Je ne devais pas même m'arrêter auprès de quelque ruisseau fangeux ou de quelque mare d'eau croupie, pour étancher la soif qui me dévorait. Quand, accablé de fatigue, je ne pouvais plus le suivre, il me laissait, sans s'en apercevoir, à une très-grande distance derrière lui, m'exposant à être assassiné par les brigands, qui ne sont pas rares chez les Arabes. Ce brave homme m'était pourtant tout dévoué ; mais, jugeant de mes forces par les siennes, il ne se doutait même pas qu'il me tuait en me conduisant de la sorte ; et lorsque je lui adressais quelque plainte, il en riait comme d'une plaisanterie. Il y eut des moments où j étais tellement anéanti par la chaleur et la fatigue, que je serais volontiers resté là en attendant la mort.

« Quelquefois cependant nous suspendions notre marche au milieu du jour ; mais le plus souvent nous ne nous arrêtions que le soir, dans le douar où nous devions passer la nuit. Là, nous faisions l'unique repas de la journée, et quel repas ! C'était du couscoussous, et toujours du couscoussous, espèce de pâte préparée avec de la farine roulée en forme de grains de millet ; point de pain, il est inconnu dans le pays ; notre boisson était constamment de l'eau boueuse et saumâtre ; aucun fruit, aucun légume. D'ailleurs, je ne pouvais me plaindre ; ce que m'offraient mes hôtes était ce qu'ils avaient de mieux. Ne vivant, pour la plupart, que de blé trempé dans l'huile, ou d'un peu d'orge comme leurs chameaux, ces pauvres gens croyaient me traiter en grand seigneur.

« Dès que j'étais descendu dans un douar, les femmes de la tribu se réunissaient pour me préparer ce repas extraordinaire ; souvent on ne le servait qu'à onze heures ou minuit. En attendant, on allumait au milieu du camp un grand feu, avec des herbes sèches ; et à sa lueur, qui tenait lieu de flambeau, nous nous laissions aller à d'interminables causeries. Les Arabes aiment beaucoup à raconter ou à entendre des histoires ; ils prennent aussi le plus vif intérêt aux affaires de l'Etat. Ce serait un tableau à faire que tous ces Bédouins d'un douar, jeunes gens, vieillards, petits enfants, accroupis autour d'un vaste foyer, avec un prêtre d'une nation étrangère et ennemie, mangeant et causant avec lui jusqu'à ce que le dernier tison s'éteigne ; et dans un coin du tableau, des ombres de femmes s'agitant de toutes manières pour nous servir, ou tendant la tête, à une certaine distance, pour nous écouter et nous voir. Puis des chevaux, des moutons, couchés pêle-mêle autour de nous ; et tout à fait dans le fond quelques gourbis ou cabanes de branchages, quelques tentes noires et déchirées. Il est inutile de vous dire que nous couchions toujours en plein air et sur la terre nue.

« Mon guide était assez attentif à me faire arrêter de bonne heure dans le douar où nous devions passer la nuit ; il n'aurait pas voulu s'exposer à coucher loin d'un lieu habité, à cause des lions qui sont assez communs dans le pays, et dont il avait grand'peur.

« Je profitais des dernières clartés du jour pour soigner les malades de la tribu. Il eût fallu me voir, docteur improvisé, au milieu de ces infirmes qu'on m'amenait de toutes parts, pansant leurs plaies, préparant la quinine, frictionnant les membres endoloris, distribuant à chacun le remède que je jugeais le plus utile ; et, pour ma récompense, béni par tous ces malades qui me quittaient à regret, et se retiraient, sinon guéris, du moins consolés.

« Au début de ce voyage, quand nous étions plus rapprochés du théâtre de la guerre, nous rencontrions, presque à chaque pas, des tribus fugitives qu'Abd-el-Kader faisait émigrer avec leurs bagages et leurs troupeaux, afin de ne laisser que la solitude au pouvoir de notre armée. Tous ces exilés, hommes, femmes, enfants même, me saluaient avec respect; les plus curieux s'approchaient de moi et me demandaient dans quel but je me hasardais au milieu de leurs déserts ; et, sur ma réponse que j'allais chercher nos prisonniers auprès d'Abd-el-Kader, ils me disaient : Que Dieu t'accorde bon voyage et plein succès! Pour nous, ajoutaient-ils tristement, nous fuyons, nous quittons ces belles campagnes; car on dit que les Français approchent. » J'avais pitié de ces pauvres fugitifs, et eux étaient résignés: ils se contentaient de répéter, en levant les yeux au ciel : « Dieu le veut!

« Partout où je passais, j'étais, à mon double titre de Français et de prêtre, un objet de curiosité et de vénération. Ma soutane, ma ceinture, et principalement le christ qui brillait sur ma poitrine, tout, jusqu'à ma tonsure et à la coupe de mes cheveux, fixait l'attention des Arabes et provoquait mille questions de leur part. Ils voulaient toucher toutes choses, savoir le nom et la signification qu'elles avaient parmi nous. En vérité, ce sont de grands enfants. Ma montre surtout avait le privilége de les émerveiller; ils se perdaient en conjectures sur la cause du petit bruit qui s'échappait de ses rouages et sur le mouvement de ses aiguilles.

. . . .

« Nous avions quitté les vastes plaines du Chélif, pour tourner au sud vers Tékédempt, où nous espérions trouver Abd-el-Kader avec nos prisonniers, occupé qu'il était, nous avait-on dit, à relever ce fort que les Français venaient de détruire. Mais arrivés tout près de la ville, nous apprîmes que le sultan n'y était plus et qu'on n'avait pas de nouvelles de nos compatriotes ; on ne sut pas mieux nous dire où Abd-el-Kader était allé. Les uns pensaient que c'était à Tlemcen, sa capitale, à plus de cinquante lieues de là ; d'autres conjecturaient qu'il s'était retiré au grand désert. Ces mécomptes, ces incertitudes avaient porté le découragement dans l'esprit de mon guide : il me parlait déjà de rebrousser chemin. Mon entreprise échouait, si j'avais seulement reculé d'un pas. Je lui déclarai donc avec fermeté que j'avais ordre de me rendre auprès du sultan, que j'irais le chercher, s'il le fallait, jusqu'au fond du désert. « Il saura, ajoutai-je, que tu n'as pas voulu m'accompagner. » Intimidé par ces paroles, il me répondit : « Marchons à l'aventure, je ne sais plus où te mener. — Allons à Mascara, lui dis-je, nos troupes sont de ce côté, ton maître ne doit pas être loin de ses ennemis. »

« Nous suivîmes d'abord la route qu'avait tenue l'armée française en allant de Tékédempt à Mascara ; il était facile de la reconnaître aux traces de l'incendie. Nous aperçûmes aussi de grands cimetières arabes, depuis longtemps abandonnés : sans doute une tribu nomade avait jadis séjourné près de ces tombeaux. Des ruines, qui pourraient bien être celles de l'ancienne Mina, autrefois ville épiscopale, frappèrent mes regards en approchant de l'Oued-Mina. Sur les bords de cette rivière s'élevaient les tentes d'un parti considérable de Bédouins ; nous leur demandâmes l'hospitalité pour une nuit, et, avant de les quitter, je pansai quelques-uns des leurs, qui avaient été blessés par les Français quinze jours auparavant.

« Au delà du col de Djebel-Halonia, mon guide ne sut plus où aller : le pays qui s'étendait devant nous lui était aussi inconnu qu'à moi. Longtemps il erra çà et là sur les hauteurs, cherchant à découvrir quelque tribu. La nuit approchait, nous étions au milieu d'un grand bois ; tout près de nous, on entendait rugir les lions ; c'en était plus qu'il ne fallait pour jeter l'effroi dans l'âme de mon Bédouin. Pour moi, je priai avec confiance celle qu'on n'invoque jamais en vain dans tous les périls de la vie, et bientôt un bruit lointain, comme celui de voix tumultueuses d'hommes, de femmes, d'enfants, mêlées aux bêlements des troupeaux, ranima notre courage. Nous nous dirigeâmes au-devant des clameurs que nous venions d'entendre. C'étaient plusieurs tribus réunies, des environs de Mascara, que notre armée poussait devant elle, après avoir brûlé leurs tentes et leurs moissons, enlevé une partie de leurs troupeaux et tué ou pris un certain nombre de traînards. A ce récit, qu'un Arabe nous fit d'un air courroucé, mon guide et mon interprète tremblaient que, exaspérés par le malheur, ces fugitifs n'usassent de représailles, et qu'on ne nous massacrât comme Français. Leurs craintes n'étaient que trop fondées. Mais comment battre en retraite? Déjà on nous avait reconnus ; la horde accourait au-devant de nous avec des cris menaçants ; il fallait subir notre sort ou conjurer l'orage. Au milieu de la confusion et du tumulte, je demandai à parler aux chefs.

« D'abord on ne me comprit pas, peut-être feignit-on de ne pas me comprendre ; cependant ma robe noire, le christ suspendu sur ma poitrine, mon air confiant et calme, parurent les frapper. J'entendais murmurer autour de moi : C'est un marabout roumi (un prêtre chrétien). Mon guide s'était hâté de jeter à la foule quelques mots sur le but de mon voyage. Peu à peu la fureur s'apaisa ; bientôt je ne remarquai plus sur tous les visages que l'expression de la curiosité et de l'étonnement. Plusieurs chefs se présentèrent et me dirent : « Soyez le bienvenu ! » On nous dressa une grande tente auprès de celle des veuves et des orphelins ; celle-ci était la plus grande de tout le camp. Les femmes nous préparèrent un bon repas, et la conversation la plus amicale se prolongea entre nos hôtes et nous bien avant dans la nuit

« Avant le lever du soleil nous étions à cheval et nous faisions route vers la puissante tribu des Hachems, d'où sort Abd-el-Kader, que nous pensions y trouver, au sein de sa famille. Nous rencontrions à chaque pas des cavaliers qui se croisaient en tous sens; à tous nous demandions où était le sultan, et toujours ce mot *manarfch* (je ne sais pas) venait nous déconcerter. Enfin, deux vieillards à barbe blanche nous accostèrent, et, sur la demande accoutumée de notre guide, ils répondirent: « Voyez près de ces deux grands peupliers qui s'élèvent au milieu de la plaine (la plaine des Ghris), nous allons vous conduire auprès de lui. » A ces mots, je sentis dans mon âme comme un bouleversement universel : je ne sais trop quel sentiment l'agitait; mais au moins s'y mêlait-il une vive satisfaction de toucher au terme de ma course.

« Par un mouvement spontané, nous pressâmes les flancs de nos chevaux, et nous galopâmes en silence jusqu'au camp d'Abd-el-Kader. Çà et là, des groupes nombreux d'Arabes étaient couchés à terre auprès de leurs coursiers qui broutaient l'herbe sèche. Nous traversâmes l'Oued-Moussa, nous étions arrivés.

« — Le sultan est là, nous dit à voix basse un des vieux cavaliers qui nous accompagnaient, là, au milieu de ce jardin d'orangers, de figuiers et de lauriers-roses.

« Un morne silence régnait autour de nous, on ne se parlait qu'à l'oreille et par signes. De jeunes nègres nous entourèrent et s'emparèrent de nos chevaux; des Arabes, qui me parurent être des officiers de distinction, se présentèrent à nous, et de la main nous montrèrent Abd-el-Kader, accroupi sur la terre nue à l'ombre d'un figuier. Tout surpris de me trouver en face du sultan, je demandai à me retirer derrière une haie d'oliviers qui était devant nous, pour me remettre un peu et prendre les lettres de mon évêque.

« Mais déjà Abd-el-Kader m'avait aperçu; il m'envoya sur-le-champ son secrétaire, à qui je donnai les dépêches dont j'étais porteur. Je lui dis que j'attendais, pour me présenter, les ordres de son maître. Deux minutes après, ce même secrétaire vint m'avertir que le sultan était prêt à me recevoir. Il était à la même place et dans l'attitude où je l'avais vu en arrivant. Il ne se leva pas, salua très-gracieusement et me fit signe de m'asseoir sur un modeste tapis étendu à ses côtés. Ce chef redouté était vêtu comme un simple cheik : un haïck ordinaire, un burnous blanc et une corde en poil de chameau, roulée autour de sa tête, formaient tout son costume. Point d'armes, point de poignard, point de pistolets à la ceinture, nul appareil guerrier ; aucune espèce de cour, comme j'en avais remarqué autour de son kalifah, lors du premier échange des prisonniers, ne distinguait le souverain des Arabes.

« Il peut avoir trente-cinq ans ; sa taille est moyenne ; sa physionomie, sans être héroïque, a de la majesté ; son visage est ovale, ses traits réguliers, sa barbe claire et d'un châtain foncé, son teint blanc ou plutôt pâle, quoiqu'un peu bruni par le soleil ; ses yeux, d'un gris bleu, sont beaux et très-expressifs. Silencieux, il a le regard pensif et presque timide ; mais s'il parle, sa prunelle s'anime par degrés et bientôt étincelle ; au seul mot de religion, ses yeux s'abaissent et s'élèvent gravement vers le ciel, à la manière d'un inspiré. Il est, d'ailleurs, simple dans ses manières et paraît même embarrassé de sa grandeur. Ce n'a pas été pour moi une légère surprise de voir cet austère personnage rire avec un entier abandon, quand la conversation prenait un caractère plus familier. Si je ne me trompe, l'amitié, avec ses doux épanchements, doit être un besoin pour son cœur.

« Ma vue parut aussi fixer l'attention d'Abd-el-Kader : depuis longtemps il désirait connaître un prêtre catholique, et j'étais le premier qui s'offrait à ses regards. Après quelques compliments échangés, il me pria de lui faire lire par mon interprète les lettres de Monseigneur ; il en fut enchanté et me témoigna sa vive satisfaction. Comme nous, il admirait la charité de notre évêque. « Je sais tout, ajouta-t-il avec vivacité, je sais tout ce qu'il fait pour l'Algérie, et j'ai une grande vénération pour sa personne. » Je lui parlai du bonheur qu'avait eu le prélat en contribuant à l'échange des prisonniers. « Mais ce bonheur, ajoutai-je, ne sera parfait qu'après que tu nous auras rendu tous nos captifs. Il en reste encore cinquante-six en ton pouvoir, et je viens les réclamer de la part du baba-el-kébir (l'évêque). » A ces mots, je lui présentai la liste officielle des noms que notre armée avait trouvés inscrits sur les murs de Mascara.

« Abd-el-Kader, après un instant de réflexion, me déclara qu'il ne pouvait accéder aux vœux de mon évêque, tant que nous n'aurions pas rendu de notre côté tous les Arabes, sans exception, qui étaient encore au pouvoir de la France. Je lui répondis que telles n'étaient point les conditions de l'échange convenu entre Monseigneur et le kalifah ; qu'en s'engageant à lui renvoyer les Arabes auxquels le gouvernement français jugerait à propos d'accorder la liberté, l'évêque n'avait nullement promis de briser les fers de ceux qui, par des délits passibles de nos lois, ou par des raisons d'Etat, ne pouvaient être délivrés. J'insistai pour lui faire bien comprendre que Monseigneur ne se mêlait pas de politique, qu'il n'avait suivi dans cet échange que les mouvements de la charité chrétienne qui dévore son cœur ; qu'il avait fait et qu'il ferait encore tout ce qui dépendrait de lui pour la mise en liberté des Arabes, et qu'à l'appui de ce que je disais, j'étais heureux de lui annoncer la délivrance de huit nouveaux prisonniers, que je venais de reconduire à leurs tribus et parmi lesquels se trouvait un chef important nommément réclamé par Ben-Salem. Toutes les conditions du traité ayant été fidèlement remplies par l'évêque, c'était à la loyauté du sultan à tenir les engagements de son kalifah.

« — Mais tu me promets, reprit-il, que ton maître et seigneur fera de nouvelles démarches en faveur de quatre Arabes auxquels je tiens beaucoup, et d'un chef qui est en France parmi les forçats ?

« Pour ce dernier, Monseigneur a déjà sollicité sa grâce auprès du roi; quant aux autres, je t'assure qu'il ne tiendra pas à mon maître que tu ne les revoies bientôt.

« Alors le sultan prit un ton grave et me dit :

« — Tes prisonniers te seront rendus.

« — Quand ? lui dis-je avec anxiété.

« — Dès aujourd'hui. Je vais donner ordre à un de mes cheiks de les conduire à Oran, dont ils ne sont éloignés que de douze heures de marche.

« Je remerciai Abd-el-Kader je ne sais trop comment, et je lui demandai si jè serais assez heureux pour rejoindre mes compatriotes et m'en retourner avec eux par Oran. Il me dit, en souriant, que la prudence s'y opposait. Sans doute il craignait qu'après avoir traversé une grande partie de ses Etats, vu ses forces et apprécié l'esprit des populations, j'en instruisisse le chef de l'armée française. Il est certain pourtant que, s'il eût consenti à me laisser partir pour Oran, je lui aurais promis de ne rien révéler, et j'aurais tenu parole. Mais je n'insistai pas, j'étais si heureux : le but de mon voyage était rempli.

. . . .

« Dans la soirée, je revis Abd-el-Kader ; il m'invita à monter à cheval et à me rendre, avec des guides, dans un joli vallon situé à une lieue du camp, auprès d'une petite rivière sur les bords de laquelle je devais passer la nuit. Lui-même, avec son armée, viendrait m'y rejoindre dans une heure. Avant de partir, je détachai quelques feuilles du figuier sous lequel j'avais été reçu par le sultan ; je cueillis aussi une touffe de petites fleurs des champs, que j'emportai comme souvenir de ces lieux.

«Arrivé sur les bords du Tsernif, petite rivière qui m'avait été désignée, et qui donne son nom à la vallée qu'elle arrose, j'y trouvai des restes de thermes romains, avec d'anciennes ruines. Une heure après, Abd-el-Kader nous rejoignit avec son armée. Quelle armée ! Quinze ou dix-huit cents cavaliers, marchant en masse et dans le plus grand désordre; des chiaoux, espèce d'officiers subalternes, les dirigeaient à coups de bâton. Le sultan était à leur tête, caracolant fièrement sur un superbe cheval noir. Il était suivi d'un cavalier qui portait son drapeau, sorte de guidon de couleur bleu foncé, avec une main rouge au milieu. Toute la troupe défila devant moi, en exécutant une fantasia ou évolution ; pure ostentation, je pense, de la part d'Abd-el-Kader, et franchement il n'y avait pas de quoi en tirer vanité.

« Le soir, on nous amena un gros bélier pour souper. Après qu'on l'eut tué et écorché sous nos yeux, on m'en offrit la peau par honneur. Puis un gros bâton fut passé au travers de son corps, et deux vigoureux Arabes, servant de tourne-broche, prirent le bâton par les deux bouts et firent rôtir sur un grand feu l'animal tout entier. A peine était-il grillé, qu'on m'invita à en arracher un lambeau avec les doigts, pour voir s'il était assez cuit. Je m'excusai, dans la crainte de me brûler. Alors, un des Bédouins, voulant sans doute faire preuve de force et d'adresse, prit le bâton par un bout, et, après l'avoir agité en l'air, fit rouler le mouton à nos pieds sur la terre nue, qui nous servait de table : les Arabes n'en ont pas d'autre. Et nous, d'arracher chacun de notre côté, avec les doigts, un morceau de notre singulier rôti ; car vous savez que ces tribus ne se servent jamais de couteaux ni de fourchettes. Pour ne pas trop me brûler, je saisis le manche d'un gigot que je tirai fortement et détachai ainsi du corps ; il pesait au moins de trois à quatre livres. J'imagine que cette fois je fis un bon souper ; aussi était-ce un souper royal. Le sultan y ajouta des rayons d'un excellent miel. Le banquet fut terminé par la prière du soir, que je fis au milieu des musulmans, et nous nous couchâmes à l'endroit même, autour du foyer qui venait d'éclairer notre repas.

« Le lendemain, le jour commençait à peine à poindre, lorsqu'un Arabe vint nous éveiller à la hâte. « Vite, vite à cheval, nous dit-il tout effaré, voilà les roumis (les chrétiens) ! » C'était, en effet, l'armée du général Bugeaud, qui s'était emparée, pendant la nuit, du camp qu'Abd-el-Kader avait quitté la veille, et dont nous n'étions éloignés que d'une heure de marche. Lorsque je racontai plus tard ce fait au général, il s'écria avec surprise : — Comment ! c'était le camp d'Abd-el-Kader qui était là tout près, à notre gauche, quand nous descendions, au milieu du silence et des ténèbres, dans la plaine des Ghris, et dont nous avons aperçu les feux? Nos Douers et nos Smelas (soldats qui servaient de guides à nos colonnes) les ont pris pour ceux d'une misérable tribu campée sur les bords du Tsernif, et nous ont signalé ceux qu'on distinguait dans le lointain comme le camp du sultan qui fuyait devant nous.

« — Si l'on vous eût bien informé, repris-je, vous eussiez facilement fait prisonnier Abd-el-Kader avec toute sa troupe ; car, à coup sûr, il ne se doutait nullement que vous attaqueriez cette nuit-là le camp qu'il venait d'abandonner.

« Aussi la frayeur de l'émir fut-elle si grande, qu'à peine monté à cheval, il m'appela auprès de lui, me remit précipitamment les lettres qu'il avait écrites la veille pour Monseigneur et pour son kalifah, et me dit de partir en toute hâte. Lui-même prit aussitôt la fuite avec ses cavaliers, dans le plus grand désordre ; leur retraite ressemblait à une véritable déroute. »

XIV.

Première expédition dans la Kabylie. — Victoire d'Ouarez-Eddin. — Guerre avec le Maroc. — Bombardement de Tanger. — Bataille d'Isly. — Attaque de Mogador. — Les grottes d'El-Kantara. — Le marabout de Sidi-Brahim. — Désastre de Sétif.

Abd-el-Kader, en se retirant vers le Maroc, avait chargé Ben-Salem, un de ses kalifahs, de ne rien négliger pour ramener à lui les tribus arabes et lui créer des partisans dans la Kabylie. Ben-Salem s'acquitta de sa mission avec tant de zèle, que le général Bugeaud, récemment élevé à la dignité de maréchal de France, comprit qu'il n'y aurait de tranquillité pour l'Algérie que quand il aurait soumis les Kabyles.

Huit mille hommes se mirent en marche pour pénétrer dans leurs montagnes et ne tardèrent pas à reconnaître qu'ils auraient affaire à des gens déterminés. Les Kabyles détruisirent les moissons, brûlèrent les villages et se réunirent en armes, au nombre de 20,000. Mais, commandés par des chefs inhabiles, ils éprouvèrent un premier échec près de l'Oued-Nissa. Loin de se laisser abattre par ce revers, ils se rallièrent, et, les contingents de plusieurs tribus étant venus les rejoindre, ils attendirent les Français, en faisant occuper par des masses immenses les sommets des montagnes que ceux-ci avaient à traverser. Le maréchal combina si bien son plan d'attaque, il fut si bien secondé par ses officiers et par ses soldats, il donna lui-même si intrépidement l'exemple de l'audace et du sang-froid, que, cette fois encore, les Français furent vainqueurs. Ils n'avaient perdu que 150 hommes, tandis que les Kabyles en laissaient 1,200 sur le champ de bataille. Ce désastre n'eût peut-être pas encore suffi pour dompter les Kabyles; mais Ben-Salem, qui s'était engagé à combattre à leur tête, n'ayant pas tenu parole, Ben-Zamoun, qui jouissait d'une certaine autorité sur plusieurs tribus, les engagea à se soumettre et fut nommé kalifah par le maréchal, après avoir promis de renvoyer les alliés dans leur pays, de payer exactement l'impôt et d'ouvrir son territoire au commerce français.

« Les résultats de cette courte campagne, écrivit alors le gouverneur de l'Algérie, sont d'avoir étendu de plus de vingt lieues le rayon d'Alger dans l'est, d'avoir ajouté à notre domination un territoire fertile et très-peuplé, qui sera un nouvel aliment pour notre commerce et pour les revenus coloniaux, d'y avoir conquis de vastes et bonnes terres pour la colonisation européenne; enfin d'y avoir détruit l'influence d'un lieutenant d'Abd-el-Kader. »

Pendant que cette expédition avait lieu, le général Marey s'avançait au sud jusqu'à cent vingt lieues d'Alger et recevait la soumission d'un grand nombre de tribus.

Le maréchal Bugeaud apprit, avant de rentrer à Alger, que la province d'Oran était de nouveau inquiétée par Abd-el-Kader. Celui-ci, après avoir passé la frontière, s'était fait des partisans dans le Maroc, et revenait, à leur tête, attaquer les

Français. On avait cru que l'empereur du Maroc hésiterait à entreprendre une guerre contre la France ; mais au mois de mai 1844, le général Lamoricière fut attaqué par 1,500 cavaliers marocains, réunis à 500 Arabes. Le général les repoussa, et le maréchal Bugeaud se disposa à se porter avec ses troupes sur le point menacé.

Le consul général de France à Tanger eut ordre de demander à l'empereur Abd-er-Rhaman réparation de la violation faite par ses sujets du territoire français. Il devait en outre exiger qu'Abd-el-Kader fût banni du Maroc. Le prince de Joinville fut envoyé avec une escadre pour appuyer les réclamations du consul. C'était le quatrième des fils de Louis-Philippe qui venait recueillir en Afrique sa part de gloire. Le jeune prince mouilla, le 23 juillet, dans la rade de Tanger. Il apprit alors, par des dépêches du maréchal Bugeaud, que le fils d'Abd-er-Rhaman s'avançait à la tête d'un corps de troupes. Comme l'escadre ne pouvait rien tenter contre la ville tant que des Français l'habiteraient, on eut recours à la ruse pour les en tirer ; car le gouverneur de Tanger voulait s'en faire des otages. Les autres consuls européens s'embarquèrent aussi, et le prince de Joinville, n'ayant pas reçu de l'empereur les satisfactions exigées par la France, bombarda la ville, le 6 août. Toutes les batteries du port et des forts furent détruites, un grand nombre d'ennemis furent tués, et la perte, du côté des Français, ne fut que de 25 hommes. Cela fait, l'escadre leva l'ancre et se dirigea vers Mogador, qu'elle devait traiter comme Tanger.

Le maréchal Bugeaud n'était pas resté oisif. Après plusieurs avantages remportés contre les nouvelles troupes d'Abd-el-Kader, il résolut de frapper un grand coup. Il sentait qu'il en était temps : les Marocains, au nombre de 25,000, ne parlaient de rien moins que d'arracher aux Français toute la province d'Oran, et l'émir continuait, par ses émissaires, à agiter les tribus. Si une victoire eût signalé sa marche, les Arabes revenaient à lui, plus dévoués que jamais.

L'armée marocaine était campée à peu de distance de l'Oued-Isly. Ce fut là que le général en chef voulut l'attaquer. La veille du combat, il réunit ses officiers autour d'immenses gamelles de punch et leur expliqua son plan, en leur promettant la victoire.

A deux heures du matin, l'armée se mit en marche ; elle passa l'Isly et arriva sur les hauteurs de Djar-el-Akhdar. Les camps marocains s'étendaient sur la rive droite, et leur cavalerie attendait les Français au second passage de l'Isly, cette rivière se repliant en quelque sorte sur elle-même en ce lieu. Au milieu d'une grosse masse réunie sur la partie la plus élevée, on distinguait le groupe du fils de l'empereur, ses drapeaux et son parasol, signe du commandement. Les cavaliers furent repoussés, et le plateau où se trouvait le prince fut attaqué, ainsi que le reste de ce camp immense. Les Marocains le défendirent vaillamment ; mais ils durent céder à l'impétuosité et à la persistance de nos troupes. Toutes les provisions de guerre et de bouche, les tentes du fils de l'empereur, celles de tous les chefs, les boutiques des nombreux marchands qui accompagnaient l'armée marocaine ; tout, en un mot, resta au pouvoir des Français. L'ennemi se rallia pour reprendre le camp ; mais il fut culbuté avec de grandes pertes et poursuivi pendant plus d'une lieue. Puis, comme la chaleur était excessive, le maréchal donna l'ordre de cesser cette poursuite, et les vainqueurs s'installèrent dans le camp des vaincus.

Le lendemain de cette défaite, les Marocains eurent encore une autre perte à déplorer. Le prince de Joinville, arrivé le 11 devant Mogador, ne put rien entreprendre pendant quelques jours, le temps étant si mauvais, dit-il lui-même, que les ancres cassaient comme du verre. Mais le 15, le temps étant devenu beau, il attaqua l'île qui sert de port à la ville, et, malgré les cent cinquante pièces d'artillerie qui la défendaient, malgré la résistance désespérée de la garnison, il s'en empara, détruisit les batteries, encloua les canons qu'il ne pouvait emporter, les jeta à la mer, et coula toutes les barques qu'il ne voulut pas emmener. Le prince montra un courage héroïque, en marchant à la tête de ses colonnes, sans armes ; car, s'il consentait à recevoir la mort, il ne pouvait se résoudre à la donner.

Après de tels revers, l'empereur du Maroc devait s'attendre à ce que le gouvernement français lui imposât de dures conditions ; mais l'Angleterre, jalouse de nos succès en Afrique, agit de telle sorte, que le traité conclu avec Abd-er-Rhaman laissa à son empire ses anciennes limites et n'exigea même aucune indemnité de guerre. Seulement l'empereur s'engagea à ne plus soutenir Abd-el Kader et à ne donner asile ni à lui ni à ses partisans.

L'émir s'était retiré dans les montagnes du Rif ; l'empereur fit marcher ses troupes contre lui. Alors, pour ne pas exposer ceux qui lui avaient donné asile, Abd-el-Kader quitta le Maroc, après avoir envoyé remercier Abd-er-Rhaman de ce qu'il avait fait pour lui.

Abd-el-Kader n'avait pas encore renoncé à ses vastes projets ; il réunit autour de lui quelques tribus du désert. Il se tint avec elles sur les limites de la province, et s'efforça de renouer des relations à l'intérieur. La Kabylie n'était pas soumise : la précipitation avec laquelle le maréchal Bugeaud avait été obligé d'en retirer ses troupes, pour les porter contre le Maroc, l'avait empêché de compléter ses premières victoires. Abd-el-Kader, que des émissaires dévoués tenaient au courant de tous les événements, n'avait pas tardé à l'apprendre, et il espérait en profiter.

La bataille d'Isly ayant amené la paix avec Abd-er-Rhaman, le maréchal reparut en Kabylie, où le général Comman s'était vaillamment battu pendant son absence. Il remporta une nouvelle victoire et reçut la soumission de deux tribus importantes.

Sur les autres points de la conquête, le colonel Saint-Arnaud, les généraux Gentil, Lamoricière et Bedeau rétablissaient la tranquillité. On commençait à respirer, quand une nouvelle et terrible insurrection éclata dans le Dahra, c'est-à-dire sur une étendue de vingt lieues de long et de cinquante de large. Un prophète, dont le peuple racontait des merveilles, venait de paraître. Dieu était avec lui sans doute, car il détournait d'un regard les coups de ses ennemis, et la plus vive fusillade dirigée contre lui n'avait d'autre effet que de le rafraîchir comme une brise bienfaisante. Ce prophète c'était Bou-Maza.

Les colonels Pélissier, Saint-Arnaud et Ladmirault furent envoyés contre lui. Ils avaient l'ordre de dompter les tribus par tous les moyens possibles. Celle des Ouled-Rhia refusa opiniâtrément de se soumettre. Elle comptait braver sûrement les Français en se retirant dans les grottes d'El-Kantara, réputées impénétrables. Du fond de ces grottes, elle avait maintes fois refusé l'impôt aux Turcs, et jamais on ne l'y avait poursuivie. Dès que le colonel Pélissier parut dans leurs montagnes, la tribu tout entière courut aux cavernes ; les guerriers se chargèrent d'en défendre l'entrée ; ce qui était très-facile, le sentier qui y conduisait ne donnant passage qu'à un seul homme de front.

Le colonel les envoya sommer de se rendre ; ils firent feu sur les parlementaires et en tuèrent un ; les autres s'étant expliqués, les Ouled-Rhia déclarèrent qu'ils ne quitteraient les grottes que quand les Français se seraient éloignés. Céder à cette exigence eût été une preuve de faiblesse, que tous les rebelles nous auraient fait payer cher ; mais forcer les Kabyles dans leur asile était une chose impossible. Le colonel Pélissier leur fit dire alors que s'ils ne sortaient pas, il avait l'ordre de mettre le feu à l'entré des grottes. Ils se rirent de cette menace, qu'ils ne croyaient pas sérieuse. Pour les effrayer, les Français jetèrent du haut du Kantara des morceaux de bois, de paille et de feuilles sèches ; les Ouled-Rhia les enlevèrent à mesure qu'ils tombaient ; mais, repoussés par la fusillade, ils ne purent continuer à s'en débarrasser.

Il y eut parmi les officiers français un moment d'indécision terrible. On ne pouvait se décider à mettre le feu à cet immense bûcher, et l'on espérait encore que toute cette population allait se décider à sortir. Sans doute, quelques chefs fanatiques l'en empêchèrent ; peut-être même y eut-il entre ceux qui voulaient se rendre et ceux qui préféraient mourir, une lutte affreuse ; mais ce qu'il y a de certain, c'est que personne ne sortit. Quelques instants avant le coucher du soleil, le colonel Pélissier, persuadé que les grottes avaient une autre issue que celle devant laquelle étaient entassées les matières inflammables, y fit mettre le feu. Quelques coups de fusil furent alors entendus, et les Français descendirent pour aller à la recherche de cet autre passage par lequel les Ouled-Rhia essayaient sans doute de s'échapper. Mais ils ne virent et n'entendirent plus rien. Vers une heure du matin, le colonel, saisi d'un horrible pressentiment, ordonna de laisser éteindre le bûcher ; mais il était trop tard.

Quand, aux premières lueurs du jour, les soldats pénétrèrent dans les grottes, ils reculèrent d'effroi. Tous ces malheureux, hommes, femmes, enfants, s'étaient laissé brûler, asphyxier, ou avaient été écrasés sous les pieds des bœufs et des chevaux, devenus furieux. Quand ils vinrent dire au colonel ce qu'ils avaient vu, celui-ci refusa de les croire ; mais il fallut bien qu'il se rendît à l'évidence quand plus de 600 cadavres eurent été retirés de ces cavernes. Les Français quittèrent le Kantara, non avec l'orgueil d'une victoire au front, mais la consternation dans le cœur. Le gouverneur général de l'Algérie prit la responsabilité de cet acte, qui excita l'indignation de la France et jeta le désir de la vengeance dans l'âme des Arabes. Le maréchal Bugeaud, ayant cru devoir renoncer à son gouvernement, y fut remplacé par le général Lamoricière.

Abd-el-Kader, apprenant la catastrophe des grottes du Dahra, sortit de sa retraite; les tribus se levèrent sur son passage, et bientôt une armée l'entoura. Un lieutenant français qui se rendait à Tlemcen, avec 200 hommes, fut enveloppé par les Arabes qu'il croyait amis, désarmé avec ses soldats et conduit à Abd-el-Kader.

Peu de jours après, le lieutenant-colonel de Montaignac, trompé par de faux renseignements et séduit par l'espoir de s'emparer de l'émir, partit avec quatre cents et quelques hommes de Djema-Ghazouat, qu'il commandait, et s'avança jusqu'au ruisseau de Sidi-Brahim. Là, il aperçoit les Arabes et s'élance à leur rencontre. Mais sa petite troupe est assaillie par une multitude d'ennemis ; lui-même est mortellement blessé ; mais, du tertre où on l'a déposé, il donne encore des ordres aux siens ; il les forme en carré et envoie prévenir la réserve qu'il a laissée au camp.

Pendant trois heures que dure cette lutte inégale, l'intrépidité des Français ne se dément pas un instant ; mais ils ne sont plus que 83. Le lieutenant-colonel leur ordonne de l'abandonner et de se retirer dans le marabout de Sidi-Brahim ; le capitaine de Géraux les y conduit et y fait planter le drapeau français. Abd-el-Kader l'envoie sommer de se rendre; il répond qu'ils sont tous prêts à mourir comme leur chef.

L'émir fait amener un des prisonniers tombés aux mains des Arabes, le capitaine Dutertre, et lui dit :

— Va trouver tes compatriotes et décide-les à se rendre ; car si tu n'y réussis pas, tu mourras.

Le capitaine s'approche du marabout.

— Ne vous rendez pas, crie-t-il aux Français ; vous voyez le métier qu'on fait faire aux prisonniers.

— Que leur as-tu dit, et que t'ont-ils répondu? lui demanda Abd-el-Kader.

— Je leur ai dit de mourir plutôt que de se rendre, et ils mourront.

Tant d'héroïsme ne désarma point l'émir; il fit trancher la tête au capitaine Dutertre.

Les Français restèrent pendant trois jours sans vivres et presque sans munitions; puis ils quittèrent le marabout et essayèrent de gagner un camp ou une place française; mais, entourés par les Kabyles, ils se firent hacher. Tous auraient péri, si un détachement, sorti de Ghazouat, ne fût arrivé à temps pour sauver les douze derniers.

Ces nobles victimes n'étaient pas encore vengées, quand six officiers attirés dans un guet-apens par un kalifah d'Abd-el-Kader, furent assassinés. En même temps, presque toutes les tribus de la province d'Oran pliaient leurs tentes et se disposaient à émigrer vers le Maroc.

Le général Lamoricière accourut, battit Abd-el-Kader, refoula dans la province les tribus qui voulaient la quitter et reçut encore une fois leur soumission.

Les choses en étaient là, quand le maréchal Bugeaud revint en Afrique avec douze mille hommes. On pensait qu'il allait tout faire pour s'emparer d'Abd-el-Kader; il crut devoir dompter d'abord les tribus insurgées, et l'émir profita du répit qui lui était laissé pour nouer des intelligences jusque dans la province de Titterie.

Il parvint à armer en sa faveur les tribus qui avoisinent Médéah. Alors recommencèrent les marches continuelles de l'émir contre nos alliés. Les généraux français se remirent à sa poursuite, le battirent en plusieurs rencontres, mais ne purent s'en emparer. Il gagna les montagnes des Kabyles, qu'il voulait entraîner à sa suite; mais les Kabyles n'aimaient pas mieux pour chef Abd-el-Kader qu'un Français ; ils ne voulaient aucun maître, et l'émir les quitta en fugitif.

Dans la province de Constantine, plusieurs tribus s'étaient aussi soulevées. Le général Levasseur les fit rentrer dans l'obéissance. La campagne terminée, il se disposait à retourner à Constantine quand, le 2 janvier, il fut surpris dans les montagnes par un ouragan terrible. Pendant un jour et une nuit la neige tomba en si grande abondance, que les chemins devinrent presque impraticables. Dès qu'un peu de calme fut rétabli, il se mit en route ; mais ses troupes étaient à peine engagées dans le défilé qu'elles avaient à suivre pour regagner la plaine, qu'un vent glacial enleva des tourbillons de neige qui aveuglèrent les soldats et les empêchèrent d'avancer et de reculer. Ce ne fut qu'après des fatigues inouïes qu'ils parvinrent à sortir de ce passage. Arrivés dans la plaine, ils continuèrent leur route vers Sétif, dont ils étaient à quinze lieues environ ; mais le froid était si vif, que 74 hommes périrent en chemin et que beaucoup moururent à l'hôpital de Sétif. Cette retraite cependant n'avait pas été inquiétée par les Arabes ; au lieu d'attaquer nos soldats, qu'ils voyaient tomber sur la route, ils cherchaient à les secourir.

XV.

Sidi-el-Fadel. — Massacre des Prisonniers français. — Soumission de Bou-Maza. — Désastre des Beni-Amers et des Hachems. — L'émir et les Marocains. — Reddition d'Abd-el-Kader.

Pendant que le général Cavaignac arrêtait l'émigration des tribus de la province d'Oran, un nouveau fanatique se proclama sultan de Tlemcen et adressa au général une proclamation, dans laquelle on remarque les passages suivants :

« Vous savez qu'il doit venir un homme qui règnera à la fin des temps. Cet homme, c'est moi, Mohammed, envoyé par Dieu et choisi parmi les plus saints de la suite du prophète. Je suis l'image de celui qui est sorti du souffle de Dieu.

« Je suis l'image de notre Seigneur Jésus ; je suis Jésus ressuscité, ainsi que tout le monde le sait, croyant à Dieu et à son prophète. Si vous ne croyez pas les paroles que je vous annonce en son nom, vous vous repentirez, aussi vrai qu'il y a un Dieu au ciel, qui a le pouvoir de tout faire. »

Ce prétendu envoyé de Dieu se nommait Sidi-el-Fadel. Il persuada de la vérité de sa mission plusieurs tribus et marcha sur Tlemcen, à la tête d'une petite armée. Le général Cavaignac sortit au-devant de lui et l'attaqua vivement. Les soldats de Sidi-el-Fadel tinrent bon d'abord, tant leur chef les avait assurés de la victoire; mais les Français aussi voulaient vaincre, et quand les Arabes virent qu'ils ne céderaient point, ils commencèrent à lâcher pied et à se disperser.

La Kabylie était en même temps très-agitée. Après le départ d'Abd-el-Kader, les Kabyles, qui avaient refusé de prendre son parti, s'étaient armés contre les Français, sous la conduite de leurs propres chefs. Le Dahra était de nouveau le théâtre des efforts de Bou-Maza. Ce jeune et habile guerrier tenait sans cesse en haleine deux divisions françaises. Cependant, après plusieurs expéditions dirigées contre lui dans l'Ouaransenis et dans le Dahra, elles forcèrent les tribus à l'abandonner.

Abd-el-Kader n'était pas plus heureux. Poursuivi sans relâche par nos troupes, il eut la douleur de voir les Beni-Amers et les Hachems, qui s'étaient attachés à lui dès son élévation et qui lui étaient toujours restés fidèles, quitter le pays et aller s'établir dans le Maroc, au lieu de suivre l'émir, comme ils en avaient reçu l'ordre.

Mal conseillé par le désespoir, l'émir, que nous avons vu se distinguer par sa justice et par sa clémence, donna son consentement à un acte de barbarie révoltante.

« Abd-el-Kader, dit le *Moniteur*, rendant compte de ce fait, avait ordonné à Bou-Hamedi de remettre le commandement de la déira à Mustapha-Ben-Thami, et de venir aussitôt le rejoindre avec les Beni-Amers. Ebruité dans le sud, où il a passé pour être exécuté, cet ordre ne le fut pas; car les Beni-Amers et Bou-Hamedi refusèrent de partir. La tribu, de l'aveu même du kalifah, entama avec Bou-Zian-Ouled-Chaoui des négociations dans le but d'obtenir son assistance pour se séparer de la déira.

« Il fut convenu entre eux que les Beni-Amers ne dépasseraient pas Taza, et que Bou-Hamedi se poserait en intermédiaire de la tribu auprès de l'émir, et qu'il obtiendrait son retour à la déira, sous la condition que le commandement en chef lui serait donné. Bou-Hamedi tint parole; mais les Beni-Amers, manquant à la foi donnée, passèrent par l'ouest, sans s'occuper du kalifah, qui, redoutant les suites de son intrigue avortée, prit la fuite, afin de rejoindre Bou-Zian-Ouled-Chaoui.

« A la suite de ces événements, qui eurent lieu dans les derniers jours d'avril (1846), Mustapha-Ben-Thami, demeuré seul avec les Hachems et quelques émigrés des diverses tribus, ne put exécuter l'ordre que l'émir, son beau-frère, lui fit transmettre d'amener vers le sud tout ce qui lui restait de monde. « La déira, réduite des trois quarts, écrivait-il à Abd-« el-Kader, ne pourrait résister à une tentative probable des « tribus marocaines pour s'emparer des prisonniers français, « dont la garde et l'entretien devenaient chaque jour plus « difficiles. »

« Abd-el-Kader répondit par l'ordre barbare d'égorger ces malheureux. Afin de rendre plus facile l'exécution de cet ordre, on répandit le bruit que tous les prisonniers musulmans avaient été mis à mort en France. C'est avec de semblables nouvelles que les agitateurs stimulent la haine cruelle et ignorante des Arabes. »

Trois cents prisonniers français furent, en effet, massacrés, à l'exception des officiers, que Mustapha-Ben-Thami avait invités à une fête pour l'heure à laquelle devait avoir lieu la sanglante exécution. Les amis d'Abd-el-Kader ont rejeté tout l'odieux de cet acte sur Mustapha-Ben-Thami, et nié l'ordre soi-disant donné par l'émir. Quoi qu'il en soit, cette barbare vengeance ne ramena pas un seul partisan à Abd-el-Kader; les tribus comparèrent cette inutile cruauté à la générosité de la France, qui avait alors plus de 3,000 prisonniers arabes, et qui ne songea point à leur faire subir le sort de ceux du sultan.

Une scène aussi cruelle eut lieu peu de temps après. Les Kabyles tombèrent sur un convoi de malades et de blessés, qui se rendaient à Guelma, et les massacrèrent sans pitié. Ce crime fut vengé par une complète razzia des richesses de la tribu sur le territoire de laquelle il avait été commis, et la mort de ceux qui l'avaient ordonné.

A chaque instant, quelque nouveau prophète se levait, prêchant la guerre sainte et se disant chargé de la destruction des infidèles; et telle était la crédulité des Arabes, que, sans cesse trompés, ils se laissaient cependant tromper encore.

Mais le plus célèbre de tous, après Abd-el-Kader, fut Bou-Maza. Hardi, rusé, infatigable, il lutta longtemps contre le colonel Saint-Arnaud et le lieutenant-colonel Canrobert. D'abord uni à l'émir, Bou-Maza, ne pouvant obtenir qu'après le massacre des prisonniers français il se remît à la tête de ce qui lui restait de soldats pour tenter quelque coup hardi, Bou-Maza se sépara d'Abd-el-Kader et fut suivi d'une partie de la déira. Il quitta la frontière du Maroc et pénétra sur le territoire d'Alger; mais il ne put réussir à soulever les tribus sur lesquelles il avait compté. Soit par lassitude, soit par crainte, soit enfin par une sage comparaison entre le sort qui leur était réservé, si elles se soumettaient, et celui qui les attendait, si elles continuaient à s'agiter, ces tribus s'étaient décidées à demeurer en repos et avaient envoyé demander la protection et l'amitié des Français. Les Kabyles, indomptables jusque-là, donnèrent l'exemple. Ben-Salem, qui avait longtemps jeté le trouble dans les montagnes, vint lui-même se soumettre au gouverneur général, et plusieurs chefs marquants l'imitèrent.

Bou-Maza, ayant vainement essayé d'armer les populations

qu'il avait vues naguère si acharnées contre les Français, comprit que l'heure était venue de renoncer à ses ambitieux projets. Il se rendit auprès du colonel Saint-Arnaud et se constitua son prisonnier. Il était à peine âgé de vingt-cinq ans.

La tranquillité étant à peu près rétablie en Algérie, plusieurs généraux furent chargés de pousser des reconnaissances jusque dans le grand désert du Sahara. C'était une opinion généralement reçue que le Sahara, vaste mer de sable, était inhabité. Ces diverses expéditions devaient dissiper cette erreur; car nos soldats rencontrèrent dans les oasis des villages et même des bourgs considérables. Ils n'allaient pas en conquérants dans le désert; ces promenades en armes n'avaient pour but que de s'assurer des relations commerciales qu'il serait possible de nouer avec les habitants de cette contrée désolée.

Au mois de septembre 1847, le duc d'Aumale, nommé gouverneur général de l'Algérie, prit possession de son commandement, en adressant aux Arabes une proclamation qui produisit sur eux plus d'effet qu'une grande victoire. Voici cette proclamation :

« De la part du duc d'Aumale, le fils du roi des Français, gouverneur général de l'Algérie, à tous les Arabes et Kabyles, grands et petits, salut !

« Le roi des Français, que Dieu bénisse ses desseins et lui donne la victoire ! m'a confié le gouvernement du royaume d'Alger, depuis les frontières du Maroc jusqu'à celles de Tunis.

« Vous avez compris, ô musulmans, combien le bras de la France était puissant et redoutable, et combien son gouvernement était juste et clément. Vous avez obéi à l'immuable volonté de Dieu, qui donne les empires à qui bon lui semble sur la terre.

« Vous avez fait votre soumission au maréchal, et vous avez éprouvé la bonté de son gouvernement; vous vous souviendrez toujours qu'il honora les grands, qu'il protégea les faibles, et qu'il fut équitable envers tous. Rien ne sera changé, et ce qu'il avait fait et ce qu'il avait établi sera maintenu; car jamais il n'a fait que le bien et il n'a agi que par la volonté du roi des Français. C'est le roi des Français qui lui a ordonné de se montrer grand et généreux après la victoire; c'est le roi qui a voulu que vos biens et votre religion fussent respectés, et que vous fussiez gouvernés par les principaux d'entre vous, sous l'autorité bienfaisante de la France; c'est le roi, dont la bonté est inépuisable, qui a pardonné tant de fois aux insensés qui, poussés par de perfides conseils, ont trahi la parole qu'ils nous avaient jurée. Les insensés ont reconnu l'inanité de leurs efforts, et la main de Dieu les a frappés jusque sur la terre étrangère où ils avaient cherché un refuge. Remerciez Dieu de ce qu'il vous a donné les richesses et les jouissances de la paix, en échange des maux inséparables de la guerre.

« C'est pour vous donner un gage encore plus éclatant de ses bonnes intentions à votre égard, que le roi des Français m'a envoyé au milieu de vous, comme son représentant sur cette terre qu'il aime à l'égal de la France. J'ai déjà vécu parmi vous; je connais vos lois et vos usages, et tous mes actes tendront à augmenter votre prospérité et celle du pays.

« Vous savez que notre parole est aussi ferme que notre force est irrésistible; vous avez éprouvé la puissance terrible de nos armes; vous avez apprécié et vous apprécierez chaque jour davantage les bienfaits de notre amitié; ceux d'entre vous qui sont restés fidèles à leurs serments ont prospéré; ceux qui ont été parjures ont souffert tant de malheurs, que le cœur en est profondément accablé. Vous connaissez la seule voie qui peut vous conduire au bonheur, et Dieu vous inspirera la sagesse pour y persévérer. Salut ! »

Les Arabes, heureux et fiers de se voir gouverner par le fils du roi des Français, demeurèrent plus sincèrement soumis qu'ils ne l'avaient encore été. Cependant un certain nombre de mécontents se rendaient encore auprès d'Abd-el-Kader, et l'émir cherchait à se recruter des partisans sur les terres du Maroc. Les Beni-Amers et les Hachems, que l'empereur avait accueillis aux environs de Fez, se repentirent d'avoir abandonné leur sultan et lui écrivirent pour le prier de les recevoir de nouveau. Pour lui donner une preuve de leur dévouement, ils s'offraient à attaquer un corps de troupes marocaines chargé de défendre le camp de Thaza contre ses entreprises. L'émir accepta cette proposition; mais le projet des deux tribus ayant été révélé aux Marocains, le fils d'Abd-er-Rhaman fit marcher 3,000 hommes contre les Beni-Amers et les Hachems. Ceux-ci les repoussent; mais dans toute la partie de l'empire qu'ils ont à traverser pour rejoindre Abd-el-Kader, leur tête est mise à prix, et les malheureux Arabes, malgré leur courage, malgré le désespoir qui anime leur résistance, sont impitoyablement massacrés. Leurs femmes et leurs enfants sont vendus comme esclaves, et des 15,000 âmes dont se composaient ces deux tribus, 50 hommes seulement gagnèrent la frontière du Maroc. Les Français, touchés de tant de malheurs, les reçurent et leur permirent d'aller retrouver dans la plaine des Ghris le tombeau de leurs pères et leur propre berceau.

Abd-el-Kader apprit avec une profonde douleur le triste sort des Beni-Amers et surtout des Hachems, dont il faisait partie. Il n'avait pu marcher à leur aide; car sa déira avait été attaquée au moment où les deux tribus l'attendaient. Il s'enveloppa la tête d'un pan de son haïck, s'assit à terre, sous sa tente, et resta ainsi pendant plusieurs jours, sans prendre ni nourriture ni repos. Ce désastre des siens lui paraissait le précurseur de sa ruine prochaine, et la perte de ses illusions lui semblait plus cruelle que la mort.

Abd-el-Kader commençait à comprendre qu'il ne devait plus rien attendre des Marocains; l'empereur, mis sur ses gardes par ce qui venait d'arriver, pouvant facilement déjouer toutes ses entreprises. Il ne se trompait pas : Abd-er-Rhaman, pour augmenter la terreur causée par le désastre des Beni-Amers et des Hachems, fit promener leurs têtes sur toute la frontière, en menaçant du même sort tous ceux qui lieraient des intelligences avec Abd-el-Kader.

Le duc d'Aumale, qui n'avait pas oublié les grands services rendus par le général Lamoricière, en l'absence du maréchal Bugeaud, le chargea de poursuivre activement l'émir; car il n'y avait pas à se fier au calme des tribus arabes, tant qu'Abd-el-Kader serait encore debout.

Dès que l'émir apprit que le général français s'avançait avec 5,000 hommes, il députa vers Abd-er-Rhaman son kalifah Bou-Hamedi, afin de l'assurer qu'il n'avait jamais formé contre lui aucun projet, et lui redemander son amitié. Bou-Hamedi échoua dans sa mission, l'empereur refusa de l'entendre et le fit jeter en prison.

Abd-el-Kader, ne voyant pas revenir son envoyé, prit une résolution des plus audacieuses. Il n'avait avec lui que 2,000 hommes; il les assemble, et, avec cette vive et pathétique éloquence qui ne lui a jamais fait défaut, il leur expose la situation, leur montre que tout n'est pas perdu encore; mais que pour vaincre, il faut qu'ils soient décidés à tout.

— Que ceux qui ne sont pas prêts à mourir avec moi se retirent, leur dit-il. Je leur pardonne d'avance et prie Dieu d'en faire autant.

Tous s'écrièrent qu'il pouvait compter sur eux comme sur lui-même.

Il leur ordonna alors de réunir une grande quantité de bœufs et de chameaux, ce qui fut exécuté. Quand le jour propice à la réalisation de son dessein fut arrivé, il fit enduire de poix le corps de ces animaux, leur fit attacher au dos des fascines, y fit mettre le feu, et lâcha, par une obscurité profonde, ces bœufs et ces chameaux entre les deux camps des Marocains.

Les pauvres animaux, rendus furieux par la douleur, se précipitèrent de tous côtés en poussant des hurlements terribles. Abd-el-Kader avait compté sur l'effroi des Marocains ; aussi se tenait-il, avec sa petite armée, tout prêt à les tailler en pièces. Mais parmi ces fidèles soldats qui n'avaient pas voulu l'abandonner, il s'était trouvé des traîtres ; car les fils de l'empereur, avertis à temps, avaient pu faire évacuer les deux camps. Ils n'y avaient laissé qu'un petit nombre d'hommes auxquels ils avaient donné l'ordre de fuir, en jetant de grands cris, dès que les brûlots vivants se montreraient près de leurs tentes.

Abd-el-Kader crut avoir affaire à toutes les troupes commandées par le fils d'Abd-er-Rhaman, et, ravi du succès de son stratagème, il s'élança à leur poursuite. Les Marocains, qui avaient tout prévu, fondirent alors sur les 2,000 hommes qui entouraient l'émir, et les enveloppèrent. Abd-el-Kader se battit en désespéré ; mais, ne pouvant triompher du nombre, il fut obligé de chercher dans la fuite son salut et celui des siens.

S'il pouvait gagner le désert, il échapperait encore tout à la fois aux Marocains et aux Français. Les Marocains avaient quitté leurs camps et s'étaient mis à sa poursuite ; le mauvais temps les empêcha de l'attaquer, et une fois que l'émir eut mis le pied sur la terre française, ils rebroussèrent chemin. Par malheur pour Abd-el-Kader, le général Lamoricière avait mis ses troupes en campagne, bien résolu à tout faire pour s'emparer enfin de cet infatigable ennemi. Les frères de l'émir, comprenant que tout était perdu, firent leur soumission, et la déira, qui suivait Abd-el-Kader, était disposée à se soumettre aussi ; mais lui n'avait d'autre projet que de gagner le désert, en traversant le pays des Beni-Snassen.

« Or, dit le général Lamoricière dans son rapport au duc

d'Aumale, la seule fraction de cette tribu assez bien disposée pour qu'il pût la traverser, est précisément la plus rapprochée de notre territoire. Le col qui débouche dans la plaine par le pays de la fraction dont je viens de parler, a son issue à environ une lieue et demie de la frontière. Je me décidai à faire garder ce passage. Et ce qui me détermina, c'est que le frère du caïd d'Ouchda nous avait écrit, le soir même, pour nous engager à faire surveiller cette direction par laquelle l'émir devait sans doute passer.

« Mais il fallait prendre cette mesure sans donner l'éveil aux tribus qui sont campées sur la route.

« Dans ce but, deux détachements de vingt spahis choisis, revêtus de burnous blancs, commandés le premier par le lieutenant Bou-Krauïa, l'autre par le sous-lieutenant Brahim, furent chargés de cette mission.

« Le premier se rendit au col même, et le deuxième avait une position intermédiaire entre ce point et notre camp. La cavalerie sella ses chevaux, et le reste de la colonne se tint aussi prêt à partir au premier ordre.

« Enfin, pour être prêt à tout événement, après avoir calculé la marche probable de l'émir, je fis prendre les armes à deux heures du matin, pour porter ma colonne sur la frontière; je ne craignis plus en ce moment que ma marche fût connue en temps utile par Abd-el-Kader.

« J'avais à peine fait une lieue et demie, que des cavaliers renvoyés par le lieutenant Bou-Krauïa me prévinrent qu'il était en présence d'Abd-el-Kader et qu'il était engagé. Le deuxième détachement s'était porté à son secours, et je fis de même, aussi vite que possible, avec toute la cavalerie. Il était environ trois heures du matin.

« Chemin faisant, je reçus les députés de la déira, qui venaient se soumettre, et auxquels je donnai l'aman au grand trot, en les envoyant au camp pour y chercher des lettres. (Je l'avais laissé sous la garde de dix compagnies.)

« Enfin, quelques instants après, je rencontrai le lieutenant Bou-Krauïa lui-même, qui revenait avec deux hommes des plus dévoués de l'émir, et qui étaient chargés de me dire qu'Abd-el-Kader, voyant qu'il ne pouvait déboucher dans la plaine et suivre son projet, demandait à se soumettre. Bou-Krauïa avait causé lui-même avec l'émir, qui lui avait remis une feuille de papier sur laquelle il avait apposé son cachet, et sur laquelle le vent et la pluie l'avaient empêché de rien écrire. Il me demandait une lettre d'aman pour lui et ceux qui l'accompagnaient.

« Il m'était impossible d'écrire par la même raison qui s'était opposée à ce que l'émir pût le faire, et, de plus, je n'avais point mon cachet. Les hommes voulaient absolument quelque chose qui prouvât qu'ils m'avaient parlé. Je leur remis mon sabre et le cachet du commandant Bazaine, en leur donnant verbalement la promesse d'aman la plus solennelle. Les deux envoyés de l'émir me demandèrent de les faire accompagner par Bou-Krauïa, que je fis partir avec quatre spahis.

« Tout cela se fit en marchant, car je voulais néanmoins arriver avant le jour au point de notre frontière le plus rapproché du col de Kerbous (celui dont j'ai parlé plus haut.)

« Parvenu à ce point vers cinq heures et demie, j'y restai jusqu'à onze heures et demie. Je ne recevais aucune réponse ; mais j'étais bien convaincu que la présence de ma cavalerie avait fait renoncer l'émir à traverser la plaine. A ce moment, je dus prendre des dispositions différentes. Nos coureurs avaient rencontré et m'avaient amené plusieurs cavaliers réguliers, qui erraient à l'aventure dans le pays, peut-être dans le dessein de rejoindre Abd-el-Kader; ce qui me le ferait croire, c'est qu'il y avait parmi eux deux agas. Je sus par eux que la déira qui m'avait envoyé demander l'aman, mais qui ne l'avait pas encore reçu, était fort inquiète chez les Msirdas, qui avaient commencé à la troubler par des brigandages pendant la nuit précédente, et qui se disposaient à continuer.

« J'envoyai alors le colonel Montauban, avec cinq cents chevaux, bivouaquer près de la déira; je fis partir le colonel Mac-Mahon, pour aller camper sur les puits de Sidi-Bou-Djenan, avec les zouaves et un bataillon du 9e de ligne, et, après être resté encore près de deux heures en observation, j'ai regagné mon camp avec le reste de mes troupes.

« Mon intention première était de faire venir la déira près de la position que j'occupe et de prendre des dispositions pour renvoyer dans leur pays toutes les familles importantes dont elle se compose; mais, en arrivant ici, j'ai trouvé non-seulement tous les chefs de la déira, mais tous ceux des troupes régulières qui n'avaient point été tués dans le combat du 21, qui venaient me demander ce que je voulais faire d'eux, et me prier de laisser à la déira deux jours de repos sur place, à cause de son extrême fatigue et des nombreux blessés qui l'encombraient. J'ai dû me rendre à cette demande, et j'irai moi-même, demain, camper à la déira avec deux cents chevaux et l'infanterie du colonel Mac-Mahon. Je la dirigerai ensuite sur Nemours.

« La venue de tous les hommes avec lesquels j'ai causé ce soir me montrait l'abandon dans lequel était l'émir, et me portait à croire à l'embarras très-réel dans lequel l'avaient mis nos quelques coups de fusil de cette nuit. J'avais commencé cette lettre sous cette impression, lorsque m'est revenu Bou-Krauïa avec les deux émissaires d'Abd-el-Kader. Il me rapportait mon sabre et le cachet du commandant Bazaine, et, en outre, une lettre de l'émir, qui est de l'écriture de Mustapha-Ben-Thami. Je vous adresse ci-joint copie de la traduction de cette lettre, ainsi que de la réponse que j'y ai faite. J'étais obligé de prendre des engagements, je les ai pris, et j'ai le ferme espoir que Votre Altesse Royale et le gouvernement les ratifieront, si l'émir se confie à ma parole.

« Bou-Krauïa et ses deux compagnons sont repartis ce soir; les quatre spahis étaient restés avec l'émir, qui avait été bien aise de garder ce renfort pour la sûreté de sa famille, chez les Beni-Snassen. J'ai donné à Bou-Krauïa quatre autres spahis choisis, et, avec ces huit hommes, il sera aussi fort que toute l'escorte de celui contre lequel l'empire de Maroc se ruait avant-hier avec ses 38,000 hommes.

« Les principaux compagnons d'infortune de l'émir sont aujourd'hui : Mustapha-Ben-Thami, kalifah de Mascara, son beau-frère; Abd-el-Kader-Bou-Klika, caïd de Tékédempt; Kaddour-Ben-Allal, neveu de Sidi Embareck. J'ai fait écrire aux deux premiers par leurs proches qui sont ici. Enfin, Si-Ahmedi-Sakhal, caïd de Tlemcen, qui m'a beaucoup servi dans toutes ces affaires, a écrit à l'émir pour l'engager à avoir confiance dans la parole que je lui ai donnée au nom du gouvernement.

« Demain ou après-demain, au plus tard, nous saurons à quoi nous en tenir.

« J'ai oublié de dire que je ne déciderai rien que provisoirement, relativement aux familles importantes de la déira et aux chefs des troupes régulières, non plus qu'à leurs soldats. »

Un post-scriptum, ajouté à ce rapport, était ainsi conçu :

« Je monte à cheval à l'instant, pour me rendre, comme je vous l'annonçais, à la déira. Le temps me manque pour joindre ici les copies de la lettre que j'ai reçue de l'émir et de celle que je lui ai répondue. Il me suffit de vous indiquer que j'ai uniquement promis et stipulé que l'émir et sa famille seraient tous portés à Alexandrie ou à Saint-Jean-d'Acre. Ce sont les deux seuls lieux que j'aie indiqués. C'étaient ceux qu'il désignait dans sa demande, que j'ai acceptée. »

Dès qu'Abd-el-Kader eut reçu la réponse du général Lamoricière, il se mit en marche vers le premier poste français. Abandonné de tous, ne pouvant espérer des Marocains qu'une persécution acharnée, ayant à traverser, pour gagner le désert, des tribus hostiles, qui ne manqueraient pas de dénoncer sa présence aux Français, échelonnés sur la route qu'il devait suivre, Abd-el-Kader aima mieux s'en rapporter à la générosité de ses ennemis que de poursuivre une lutte impossible. S'il eût été seul, il eût préféré la mort à la captivité; mais il avait avec lui sa famille et les seuls amis qui lui fussent restés fidèles.

« Aujourd'hui même, dans l'après-midi, écrivit le duc d'Aumale au ministre de la guerre, le 23 décembre 1847, Abd-el-Kader a été reçu au marabout de Sidi-Brahim par le colonel de Montauban, qui fut rejoint peu après par le général Lamoricière et par le général Cavaignac; Sidi-Brahim, théâtre du dernier succès de l'émir, et que la Providence semble avoir désigné pour être le théâtre du dernier et du plus éclatant de ses revers, comme une sorte d'expiation du massacre de nos infortunés camarades.

« Une heure après, Abd-el-Kader me fut amené à Nemours, où j'étais arrivé le matin même, et je ratifiai la parole donnée par le général Lamoricière; j'ai le ferme espoir que le gouvernement du roi lui donnera sa sanction. J'annonçai à l'émir que je le ferais embarquer demain pour Oran, avec sa famille; il s'y est soumis, non sans émotion et sans quelque répugnance. C'est la dernière goutte du calice! Il y restera quelques jours sous bonne garde, pour y être rallié par quelques-uns des siens, et entre autres par ses frères, dont l'un, Sidi-Mustapha, à qui j'avais envoyé l'aman, s'est rendu le 18 à la colonne du général Lamoricière, et a été provisoirement conduit à Tlemcen.

Cette réunion achevée, je les enverrai tous à Marseille; ils y recevront les ordres du gouvernement.

. . . .

« Dû, sans nouveaux combats de notre part, à la puissance morale de la France, le résultat que nous avons obtenu aujourd'hui est immense; il était généralement inespéré Il est impossible de décrire la sensation profonde qu'il a produite chez les indigènes de cette région, et l'effet sera le même dans toute l'Algérie. C'est une véritable révolution.

. . . .

« Je crois devoir mentionner ici une circonstance en apparence peu importante, mais très-significative aux yeux des indigènes. Abd-el-Kader vient de me remettre un cheval de soumission : c'est un acte de vasselage vis-à-vis de la France ; c'est la consécration publique de son abdication. »

Abd-el-Kader s'embarqua le lendemain pour Oran, comme l'annonçait le duc d'Aumale, et, dès qu'il y eut été rejoint par ses frères, il quitta la terre d'Afrique. Ce qu'il dut éprouver en disant adieu à cette patrie, sur laquelle il avait espéré voir refleurir la nation arabe, Dieu le sait; mais il le supporta avec le calme d'une grande âme.

La promesse faite par le général Lamoricière et ratifiée par le duc d'Aumale ne fut pas sanctionnée par le gouvernement : Abd-el-Kader, au lieu d'être conduit à Alexandrie ou à Saint-Jean-d'Acre, fut transféré au château de Pau, en attendant qu'on pût croire sa présence sans danger dans un pays musulman.

La situation de l'Algérie n'inspirait plus aucune crainte ; la reddition d'Abd-el-Kader y avait rétabli la paix, et il était permis d'espérer que les tribus, tant de fois soulevées, appréciant enfin les bienfaits de la civilisation, resteraient soumises sans arrière-pensée à la France, qui, ne voulant pas montrer envers elles plus de rigueur qu'envers ses propres enfants, leur avait laissé le libre exercice de leur religion, n'avait rien changé à leurs coutumes, et leur avait permis de continuer à se gouverner comme elles l'entendraient, pourvu que leurs chefs reconnussent l'autorité des Français.

Mais pendant que l'Algérie commençait à respirer après tant de luttes sanglantes, la France voyait une révolution s'accomplir dans son sein. Le trône de Louis-Philippe s'écroulait en quelques heures, pour faire place à la république, qui elle-même devait bientôt disparaître.

Le duc d'Aumale et son frère, le prince de Joinville, apprirent à Alger le malheur qui frappait leur famille. Sûrs de l'affection et du dévouement de l'armée d'Afrique, dont ils avaient partagé les périls et la gloire, ces deux jeunes gens auraient pu tenter de ramener à eux la fortune; ils reçurent de toutes parts les offres les plus sincères; mais ils refusèrent noblement de se mettre en révolte contre leur patrie. Le duc d'Aumale, remplacé dans son gouvernement par le général Cavaignac, quitta l'Algérie, après avoir pris toutes les mesures nécessaires pour que le succès de nos armes ne fût pas compromis par la catastrophe qui venait d'arriver.

Au moment où il allait monter à bord du vaisseau qui l'attendait, les colons réunis sur le passage des deux fils de Louis-Philippe crièrent : Vivent les princes !

— Criez : Vive la France ! leur dit le duc d'Aumale.

XVI.

Troubles en Kabylie. — Siége de Zaatcha. — Prise de Narah. — Fin de la captivité d'Abd-el-Kader. — Ses Serments.

La nouvelle de la révolution qui venait de s'accomplir en France ne troubla pas l'Algérie ; les tribus qui s'étaient soumises avec le plus de peine n'essayèrent même pas de profiter des agitations inséparables d'un nouveau gouvernement, pour se soustraire à l'obéissance. Les Arabes avaient perdu, dans Abd-el-Kader, le chef à l'influence duquel ils ne savaient pas résister.

Notre intention n'est pas de raconter les événements qui signalèrent en France l'année 1848 ; nous dirons seulement qu'après avoir été, pendant quelque temps, gouverneur général de l'Algérie, le successeur du duc d'Aumale fut appelé au ministère de la guerre, puis investi, pendant les tristes journées de juin, d'un pouvoir sans bornes. Nous dirons aussi que l'armée d'Afrique combattit l'insurrection à Paris, comme elle avait combattu Abd-el-Kader en Algérie, et qu'à côté du pieux archevêque qui marcha au martyre un rameau d'olivier à la main, plusieurs des généraux qui s'étaient distingués en Afrique, Négrier, Duvivier, Damesne, de Bourgon, tombèrent sous les balles françaises, et que le général de Bréa fut assassiné avec une cruauté dont les plus terribles scènes que nous avons retracées peuvent à peine donner l'idée.

Vers la fin de l'année 1848, un nouveau fanatique s'annonça comme prophète chez les Ouled-Sabens, commença à prêcher la guerre sainte et prit le titre de sultan du Dahra ; mais son règne ne fut pas long ; un des chefs du pays s'empara de sa personne et le fit conduire à Mostaganem. Le prophète trouva moyen d'échapper à ceux qui l'escortaient ; mais il fut poursuivi et tué à coups de fusil.

Quelques révoltes partielles éclatèrent l'année suivante sur plusieurs points de l'Algérie, et furent étouffées presque aussitôt, tant par les généraux Herbillon et Salles que par les colonels Pélissier, Daumas et Vergi.

La Kabylie se souleva, grâce aux intrigues d'un nommé Si-Boucif, qui se fit passer pour Bou-Maza, le jeune et intrépide chef alors captif en France. Il réunit autour de lui 5,000 hommes et quitta les montagnes pour s'avancer vers l'Oued-Sahel. Mais là, il fut arrêté par les zouaves, qui le battirent, et il trouva la mort dans sa fuite.

Dans la province de Constantine, les troupes françaises firent le siége de Zaatcha, petite place située au milieu de l'oasis qui porte le même nom. Bou-Zian, chérif de Zaatcha, excitait depuis longtemps déjà les tribus voisines à s'armer. Elles se réunirent autour d'un marabout célèbre et attendirent les Français ; mais le succès ne répondit point à leur bravoure, elles furent défaites, et Bou-Zian, l'ayant appris, se renferma dans Zaatcha. Le général Herbillon alla l'y attaquer avec

4,000 hommes. Il croyait venir facilement à bout de cette place; mais, peu considérable par son étendue, elle l'était beaucoup par sa position. Des tours carrées s'élevaient de distance en distance et étaient reliées entre elles par des maisons toutes crénelées, au-dessous desquelles existaient des passages qui devaient rendre la défense des plus faciles. La petite ville était entourée de jardins séparés par de hautes murailles, coupés de canaux et remplis d'arbres, derrière lesquels pouvaient s'abriter les assiégés.

Pour peu que la garnison de Zaatcha fût décidée à utiliser ces avantages, elle devait faire payer cher aux Français leur entreprise; et non-seulement cette garnison fut brave, mais elle fut héroïque. Le général perdit devant Zaatcha bon nombre d'officiers et ses meilleurs soldats. L'assaut qu'il tenta le 20 octobre ne réussit point. Les tribus, enhardies par cet échec, accoururent pour soutenir Bou-Zian; les Français, ayant reçu des renforts, les repoussèrent, et, plus d'un mois après le premier assaut, ils en donnèrent un second, qui fut décisif. Le colonel Canrobert, le colonel Barral et le lieutenant-colonel de Lourmel, qui devait mourir, emporté par sa valeur, en touchant le premier les murs de Sébastopol, se distinguèrent dans cette journée.

Quand nos soldats se furent rendus maîtres des rues de la ville, ils reconnurent qu'ils n'avaient encore rien fait. Il leur fallut assiéger chaque maison, s'emparer de la terrasse sur laquelle étaient réunis les combattants, les suivre au premier étage, puis au rez-de-chaussée. Dans une grande et obscure pièce se réfugient ceux qui ont échappé aux premières attaques. Dès qu'un soldat paraît à l'entrée par laquelle ils y sont descendus, une balle le renverse. La vaste salle est percée de créneaux par lesquels la mort tombe au milieu des assiégeants. Ils sont obligés d'employer la mine et de faire sauter ces forteresses.

Bou-Zian, suivi de ceux que tant de désastres ont épargnés, s'enferme dans une des plus solides maisons, y soutient les efforts des zouaves, en met cinquante hors de combat et s'ensevelit sous les ruines plutôt que de se rendre. Pas un homme, si ce n'est un pauvre aveugle, ne survécut à la destruction de Zaatcha.

La prise de cette place ne suffit pas pour soumettre les Kabyles. Ils restèrent armés dans les montagnes de l'Aurès et obligèrent le colonel Canrobert à attaquer Narah. La ville se défendit avec le même courage que Zaatcha; mais sa position n'étant pas comparable à celle de cette place, elle ne put résister à l'impétuosité des assaillants. Elle fut détruite de fond en comble, et un grand nombre de Kabyles y furent tués. Mais la terreur inspirée par ces deux faits d'armes ne dura pas longtemps. La tribu des Beni-Himmel s'insurgea; le général de Barral marcha contre elle. Dès le début de l'action, il fut atteint d'une balle en pleine poitrine. Quoique blessé à mort, il eut la force de se soutenir encore, fit appeler le colonel de Lourmel, lui expliqua son plan et lui remit le commandement. Le colonel fut vainqueur, et l'on éleva un village au lieu où le général était mort.

L'année 1851 fut marquée par une grande expédition dans la Kabylie, expédition dirigée par le général Saint-Arnaud, celui-là même qui mourut en Crimée, sans avoir pu recueillir les fruits de la victoire de l'Alma. La Kabylie s'était révoltée et avait pris pour chef Bou-Baghla, homme hardi et entreprenant, qui prêchait partout la guerre sainte en accusant les marabouts de lâcheté ou de trahison. Plusieurs combats meurtriers signalèrent cette campagne, dans laquelle Bou-Baghla fit preuve d'habileté et de valeur. Elle se termina, comme toutes celles dont nous avons fait l'histoire, par la soumission, plus ou moins sincère, des rebelles.

Des révoltes furent aussi comprimées sur plusieurs autres points de l'Algérie. La conquête était faite; mais, avec le caractère indépendant et mobile des Arabes, il devait y avoir toujours quelque agitation à réprimer.

A peine les colonnes expéditionnaires étaient-elles rentrées dans leurs postes respectifs, que Bou-Baghla recommença ses tentatives ; il fut battu par une tribu arabe, notre alliée ; mais un autre aventurier, Bou-Seba, le remplaça presque aussitôt. Les Bédouins et les Kabyles, attendant toujours le grand chef que le prophète doit susciter pour les conduire à la victoire, deviennent la dupe de tout intrigant qui se présente à eux chargé de cette mission.

Mais tous ces soulèvements n'avaient pas un caractère alarmant. La meilleure preuve qu'on en puisse donner, c'est qu'au mois d'octobre 1852, Louis-Napoléon Bonaparte, président de la République, rendit la liberté à Abd-el-Kader.

Du château de Pau, l'ex-sultan avait été transféré au château d'Amboise. Le prince s'y arrêta au retour d'un voyage dans le Midi, et, s'étant fait présenter l'émir, il lui apprit en ces termes la fin de sa captivité :

« Abd-el-Kader,

« Je viens vous annoncer votre mise en liberté. Vous serez conduit à Brousse, dans les Etats du sultan, dès que les préparatifs nécessaires seront faits, et vous y recevrez du gouvernement français un traitement digne de votre ancien rang. Depuis longtemps, vous le savez, votre captivité me causait une peine véritable, car elle me rappelait sans cesse que le gouvernement qui m'a précédé n'avait pas tenu les engagements pris envers un ennemi malheureux, et rien, à mes yeux, de plus humiliant pour le gouvernement d'une grande nation que de méconnaître sa force au point de manquer à sa promesse. La générosité est toujours la meilleure conseillère, et je suis convaincu que votre séjour en Turquie ne nuira pas à la tranquillité de nos possessions d'Afrique.

« Votre religion, comme la nôtre, apprend à se soumettre aux décrets de la Providence. Or, si la France est maîtresse de l'Algérie, c'est que Dieu l'a voulu, et la nation ne renoncera jamais à cette conquête.

« Vous avez été l'ennemi de la France; mais je n'en rends pas moins justice à votre courage, à votre caractère, à votre résignation dans le malheur. C'est pourquoi je tiens à honneur de faire cesser votre captivité, ayant pleine foi dans votre parole. »

Abd-el-Kader montra, en écoutant le prince, une vive émotion. Son désir le plus ardent était de se retrouver libre dans un pays dont les mœurs et la religion fussent les siennes, et il commençait à craindre de ne jamais le voir réalisé.

Il exprima, en termes profondément sentis, sa reconnaissance au prince qui s'était souvenu de lui et il demanda lui-même à jurer sur le Coran de ne jamais essayer, de quelque manière que ce fût, de troubler la domination française en Afrique ; et pour donner plus d'autorité à son serment, il montra à Napoléon un verset du Coran qui condamne formellement quiconque viole la foi jurée, même aux infidèles.

Les préparatifs nécessaires au départ de l'émir furent promptement terminés. Il demanda l'autorisation de se rendre à Paris, et fut présenté au prince président par le général Saint-Arnaud et le général Daumas. Le prince était au château de Saint-Cloud ; il accueillit Abd-el-Kader avec la plus grande bienveillance ; et comme l'émir s'inclinait pour lui baiser la main, il le releva et l'embrassa avec effusion.

Abd-el-Kader, avant de visiter le palais, voulut renouveler le serment qu'il avait fait à Amboise, et le *Moniteur* résuma ainsi son discours :

« Monseigneur,

« Vous avez été bon, généreux pour moi ; je vous dois la liberté que d'autres m'avaient promise, que vous ne m'aviez pas promise et que cependant vous m'avez accordée. Je vous jure de ne jamais violer le serment que je vous ai fait.

« Je sais qu'on vous dit que je manquerai à mes promesses ; mais ne le croyez pas. Je suis lié par la reconnaissance et par ma parole. Soyez assuré que je n'oublierai pas ce que l'une et l'autre imposent à un descendant du prophète et à un homme de ma race.

« Je ne veux pas vous le dire seulement de vive voix, je veux encore laisser entre vos mains un écrit qui soit pour tous un témoignage du serment que je viens de renouveler. Je vous remets donc cette lettre : elle est la reproduction fidèle de ma pensée. »

Voici la traduction de cette lettre :

« Louange au Dieu unique !

« Que Dieu continue à donner la victoire à Napoléon, à notre seigneur, le seigneur des rois ! Que Dieu lui vienne en aide et dirige ses actions !

« Celui qui est actuellement devant vous est l'ancien prisonnier que votre générosité a délivré, et qui vient vous remercier de vos bienfaits, Abd-el-Kader, fils de Mahi-Eddin.

« Il s'est rendu près de Votre Altesse pour lui rendre grâce du bien qu'elle lui a fait et pour se réjouir de sa vue, car, j'en jure par Dieu, le maître du monde, vous êtes, Monseigneur, plus cher à mon cœur qu'aucun de ceux que j'aime. Vous avez fait pour moi une chose dont je suis impuissant à vous remercier, mais qui n'était pas au-dessus de votre grand cœur et de la noblesse de votre origine. Vous n'êtes point de ceux qu'on loue par le mensonge et que l'on trompe par l'imposture.

« Vous avez cru en moi, vous n'avez pas ajouté foi aux paroles de ceux qui doutaient de moi ; vous m'avez mis en liberté, et moi, je vous ai juré solennellement *par le pacte de*

Dieu, par ses prophètes et ses envoyés (1), que je ne ferai rien de contraire à la confiance que vous avez mise en moi, que je ne manquerai jamais à mes promesses, que je n'oublierai jamais vos bienfaits, que jamais je ne remettrai le pied en Algérie. Lorsque Dieu a voulu que je fisse la guerre aux Français, je l'ai faite ; j'ai fait parler la poudre autant que je l'ai pu ; et quand il a voulu que je cessasse de combattre, je me suis soumis à ses décisions et je me suis retiré. Ma religion et ma noble origine me font une loi de tenir mes serments et de repousser toute fraude. Je suis chérif (descendant du prophète) et je ne veux pas qu'on puisse m'accuser d'imposture. Comment cela serait-il possible, quand votre bonté s'est exercée sur moi d'une manière si éclatante ? Les bienfaits sont un lien passé au cou des gens de cœur.

« Je suis le témoin de la grandeur de votre empire, de la force de vos troupes, de l'immensité des richesses de la France, de l'équité de ses chefs et de la droiture de leurs actions. Il n'est pas possible de croire que personne puisse vous vaincre et s'opposer à votre volonté, si ce n'est le Dieu tout-puissant.

« J'espère de votre bienveillance et de votre bonté que vous me conserverez une place dans votre cœur ; car j'étais loin, et vous m'avez placé dans le cercle de vos intimes ; si je ne les égale pas par mes services, je les égale du moins par l'amitié que je vous porte.

« Que Dieu augmente l'amour dans le cœur de vos amis et la terreur dans le cœur de vos ennemis !

« Je n'ai plus rien à ajouter, sinon que je me confie à votre amitié. Je vous adresse mes vœux et vous renouvelle mon serment.

« Ecrit par Abd-el-Kader-ben-Mahi-Eddin, 30 octobre 1852. »

Louis-Napoléon dit à l'émir qu'il était d'autant plus touché

(1) C'est le plus grand serment que puisse faire un musulman.

de ses serments, qu'il n'en avait exigé aucun. Il le retint pendant une heure et demie, lui fit visiter le palais et voulut lui-même lui faire voir ses chevaux. Abd-el-Kader les admira en connaisseur et s'étonna de la beauté des écuries. Il ramena plusieurs fois la conversation sur l'erreur généralement répandue qu'un musulman n'est point obligé de tenir ce qu'il a promis aux chrétiens, et parla à diverses reprises de sa reconnaissance. « Mes os sont vieux, dit-il ; quant au reste de mon corps, il a été renouvelé par vos bienfaits. »

Le prince fit assister l'émir à une grande revue, pour laquelle on lui amena un cheval arabe. Il avait vu les Français au combat ; mais il ne fut pas moins frappé de ce que cette revue avait d'imposant. Après avoir passé quelques jours à Paris, Abd-el-Kader retourna à Amboise, où Napoléon lui envoya un magnifique sabre arabe.

Le 3 décembre, il fit un second voyage à Paris, et peu de temps après, il quitta la France. La frégate qui le portait relâcha à Messine ; l'émir voulut visiter l'Etna ; puis il reprit sa route vers Constantinople. Là, il fut présenté au sultan, qui l'accueillit avec tous les égards dus à son courage et à ses malheurs, et avec toute l'affection d'un coreligionnaire. De Constantinople, il se rendit à Brousse, où il s'installa avec sa famille, le 17 janvier 1853.

Paris revit encore une fois l'émir dans une circonstance solennelle ; nous voulons parler de l'exposition universelle des produits de l'industrie (1855). Abd-el-Kader voulut venir admirer cette réunion de merveilles ; mais il faillit ne point arriver au terme de son voyage. Il eut une sorte d'attaque de choléra et refusa obstinément de se soumettre au traitement prescrit par les médecins français. Il attendit, confiant en la fatalité, comme tous les musulmans, la mort ou la guérison, et ce fut la guérison qui vint.

Il visita plusieurs fois le Palais de l'Industrie, reçut de l'empereur les mêmes témoignages d'estime et d'intérêt qu'avant son départ, et obtint, sans difficulté, l'autorisation de quitter Brousse pour aller se fixer à Damas.

La mise en liberté d'Abd-el-Kader n'avait eu aucun retentissement en Algérie, ou du moins n'y avait produit aucun fâcheux effet. La fin de l'année 1852 fut marquée par le siége de Laghouat, ville située au sud de l'Algérie, sur les confins du désert. La résistance de cette place rappela celle de Zaatcha ; mais l'habileté du général Pélissier et la valeur de nos soldats triomphèrent de toutes les difficultés.

Les années suivantes ne présentèrent que des événements peu importants, quelques soulèvements de tribus, quelques attaques de la part des montagnards, attaques repoussées avec autant de bonheur que de bravoure, et soulèvements promptement réprimés.

Mais il ne suffisait pas de conquérir l'Algérie, il fallait la coloniser, c'est-à-dire créer sur cette terre une population nouvelle qui, par ses travaux agricoles et industriels, pût enrichir le pays, apprendre aux tribus à estimer les bienfaits de la paix et de la civilisation, et devenir une ressource pour la mère patrie.

XVII.

Colonisation de l'Algérie.

Pendant les premières années de la guerre d'Afrique, les essais de colonisation furent presque nuls : il n'y avait pas assez de sécurité pour que, si riches que fussent les promesses faites par ce sol fécond, beaucoup de gens se sentissent le courage de venir semer et cultiver ce qui pouvait être la proie des Arabes. Cependant, comme à la suite des armées accourent toujours, pressés du désir de faire fortune, un certain nombre de marchands, un noyau de population européenne se forma en Algérie.

Ce ne fut qu'en 1835 que ces essais devinrent sérieux. Des villages furent bâtis, placés sous la protection des troupes, et habités bientôt par des colons français ou étrangers.

Pendant les années suivantes, des villes furent fondées, tant sur le littoral que dans l'intérieur des terres; des édifices militaires furent élevés, des routes et des ponts furent construits, et les colons arrivèrent en plus grand nombre. Bientôt ils ne furent plus isolés au milieu d'un peuple dont les mœurs et la religion étaient si différentes des leurs ; ils eurent, eux aussi, des temples et des prêtres. Un évêché fut créé à Alger, et l'on peut dire, d'après les témoignages les plus unanimes, que le premier évêque d'Alger, Mgr Antoine Dupuch, rendit les plus grands services à la civilisation par son admirable désintéressement et son ardente charité. Il sut se faire respecter et aimer de nos ennemis eux-mêmes, en les accueillant avec bonté, en leur témoignant des égards, en leur donnant et leur faisant donner des secours et des soins, en s'occupant activement de soulager et de consoler les prisonniers, en liant avec Abd-el-Kader des relations pour l'échange des Arabes contre des Français.

Les travaux entrepris en vue d'étendre la colonisation furent poursuivis avec ardeur. En 1842, le nombre des étrangers établis en Algérie s'élevait à 46,000. L'année suivante, il montait à 59,000. Il s'accrut peu à peu jusqu'en 1848, époque où l'Algérie fut divisée en départements et ouverte à des familles nécessiteuses auxquelles fut promis l'appui du gouvernement. A la fin de cette année, on y comptait 150,000 colons, et l'on évalue aujourd'hui la population européenne de l'Algérie à plus de 355,000 habitants.

Les indigènes y sont au nombre de 2,500,000. Ils occupent la portion du pays qui doit son nom à la chaîne de l'Atlas, et celle qu'on appelle le Sahara algérien, parce qu'elle confine au grand désert. Ces deux provinces forment le pays arabe. La troisième province, située au nord de l'Atlas, est la région la plus fertile et la mieux cultivée. C'est là que se fixent les colons; ce qui n'empêche pas les Arabes d'en habiter encore une grande partie.

Des bureaux arabes ont été établis pour veiller, de concert avec l'autorité militaire, à tout ce qui regarde l'administration des tribus et les intérêts du pays. Dans ces bureaux, nos officiers, se trouvant sans cesse en rapport avec les chefs arabes, contribuent puissamment à dissiper les préventions que ces chefs pourraient nourrir contre les Français. Peu à peu la civilisation pénétrera au sein des populations indigènes, et bientôt, il faut l'espérer, nos mœurs et nos usages n'exciteront plus chez eux ni haine ni mépris.

On les laisse d'ailleurs se gouverner selon leurs coutumes. Dans chaque tribu la justice est rendue par un cadi, appartenant à leur nationalité, et nommé par l'autorité militaire qui régit les pays arabes.

Alger, Constantine, Oran, sont les chefs-lieux des trois départements qui portent leurs noms ; et chacun de ces départements forme plusieurs subdivisions militaires, composées d'un nombre de cercles qui varie suivant le chiffre de la population indigène.

De grands travaux ont changé l'aspect du pays, l'ont assaini et y ont répandu la fertilité. Des villes se sont élevées et embellies ; des hospices, des colléges, ont été fondés ; les marais ont été desséchés, les plaines arrosées, les forêts exploitées. Des écoles arabes se sont formées à côté des écoles françaises.

Où l'on ne voyait autrefois que des orangers, des cactus, des figuiers, croissant au milieu des hautes herbes, on aperçoit, aussi loin que la vue peut s'étendre, des champs cultivés, couverts d'une abondante moisson, des fermes entourées de beaux arbres, de gais villages, assis au pied des montagnes, et reliés entre eux par des routes sur lesquelles on peut circuler sans crainte des pillards. Enfin des chemins de fer sillonneront bientôt le territoire de cette belle colonie.

Donc, si tout n'est pas fait en Algérie, on y marche, du moins. à grands pas dans la voie de la civilisation et du progrès. La France y entretient encore une armée ; mais elle a pu en réduire considérablement le chiffre ; et dans les guerres qu'elle a faites en Crimée et en Italie, elle a utilisé l'expérience des généraux formés en Afrique et la bravoure de leurs troupes.

Les zouaves, que tout le monde connaît, étaient dans l'origine un corps exclusivement composé d'indigènes. Presque tous appartenaient à la tribu des Zaouaouas, une des plus pauvres du pays.

Les Zaouaouas étaient très-braves, et, ne possédant ni grands troupeaux ni terres fertiles, ils s'engageaient dans la milice du bey. Après la chute de leur maître, ils consentirent à servir la France, et la connaissance qu'ils avaient du pays en fit une avant-garde précieuse. Mais bientôt on leur envia le privilège de marcher partout les premiers ; beaucoup de volontaires français obtinrent d'entrer dans ce corps indigène, et les plus braves officiers se firent un honneur d'y commander. Rien n'intimidait ces vaillants soldats, rien ne les arrêtait ; le général Cavaignac les appelait ses boulets, parce qu'il était sûr que, partout où il les enverrait, ils feraient brèche.

Nous ne voulons pas dire toutefois que les autres régiments d'Afrique se soient montrés moins intrépides que les zouaves ; non, tous ont rivalisé de courage dans le combat, de patience et de sang-froid au milieu des travaux, des fatigues et des maladies.

Les spahis formèrent la cavalerie indigène, comme les zouaves en formèrent l'infanterie ; ils rendirent de grands services dans cette guerre de marches, de contre-marches et de longues poursuites. Ils aidèrent beaucoup à faire rentrer en Algérie les tribus réfugiées dans le désert en 1843. On leur avait adjoint 2,000 fantassins montés sur des mulets. Peu de temps après, on remplaça les mulets par des dromadaires, les dromadaires coûtant beaucoup moins à nourrir que les mulets et pouvant porter triple charge.

La première fois que les soldats français virent arriver sur le champ de manœuvres d'Alger l'escadron de dromadaires, ils ne purent retenir un mouvement d'hilarité. Le général Bugeaud, qui passait la revue, leur dit : « Ne riez pas ; la chose est plus sérieuse que vous ne pensez. » Et pour les en convaincre, il fit exécuter à l'escadron toutes sortes de manœuvres, dont la précision fit l'étonnement de l'armée. Au lieu de rire, on admira et l'on applaudit; car les soldats trouvèrent fort commode cette monture, qui pouvait se charger de deux cavaliers et de leurs provisions pour un mois, tandis qu'ils avaient été obligés de porter eux-mêmes, dans diverses expéditions, des fardeaux, grâce auxquels ils s'étaient donné le surnom de soldats-chameaux.

On a reproché aux Français le système de dévastation auquel ils ont été obligés de recourir pour soumettre un certain nombre de tribus; mais si l'on a détruit les moissons, incendié les villages et coupé les arbres, c'est que la guerre a des nécessités terribles, devant lesquelles ne peut reculer celui qui désire la voir bientôt terminée. Ce qu'il y a de certain, c'est que les Arabes se sont, en toutes rencontres, montrés mille fois plus cruels que les Français, et que si ceux-ci ont quelquefois usé de représailles, ils ont beaucoup plus souvent fait preuve d'humanité et de générosité.

L'islamisme est professé avec une entière liberté dans toute l'Algérie. Le gouvernement français, loin de mettre des entraves à l'exercice de ce culte, se charge, au besoin, de la construction et de l'entretien des mosquées.

La première église ouverte au culte catholique à Alger était, avant 1831, une mosquée remarquable par son élégante simplicité. Des colonnes en marbre rouge en soutiennent les arcades. Entre les deux colonnes placées de chaque côté de l'autel, se voit un tableau sur lequel sont inscrits en lettres d'or plusieurs versets du Coran.

Avant l'occupation française, Alger avait un très-grand nombre de mosquées, dont beaucoup, il est vrai, n'étaient que de petites chapelles ou des marabouts. On en a fait fermer plusieurs qui menaçaient ruine, d'autres ont été transformées en magasins par l'autorité militaire; mais il en existe encore près de cinquante.

Un chrétien ne pouvait autrefois pénétrer dans une mosquée sans encourir la peine de mort; aujourd'hui les Arabes sont devenus tolérants. Pourvu qu'on veuille ôter sa chaussure en entrant dans leur temple et y observer une conduite décente, on y est admis sans grandes difficultés.

La plus belle mosquée d'Alger, celle d'El-Djedid (la neuve), est ornée d'une colonnade en marbre blanc, d'un fort bel effet.

Du haut du minaret, le muezzin appelle les musulmans à la prière, en se tournant successivement vers les quatre points cardinaux, et en criant entre ses mains, dont il fait un porte-voix :

Venez à la prière (*bis*),
Venez au temple (*bis*).
Dieu est grand !
Il n'y a personne au-dessus de Dieu.
Mahomet est le prophète de Dieu (*bis*).
Dieu est grand (*bis*) !

Les musulmans répondent généralement à cet appel. Ils prient avec un recueillement morne et plein de gravité, qui ressemble à la stupéfaction. Dans leurs mosquées, ils écoutent, accroupis sur leurs talons, dans une complète immobilité, les chants des méhaddins, puis se prosternent, baisent la terre à plusieurs reprises, se relèvent et se prosternent encore. Ils croient leur religion bien supérieure à la nôtre; mais tout hommage rendu à Dieu, quelle qu'en soit la forme, leur inspire un profond respect.

Beaucoup d'Arabes sont nomades et vivent comme les anciens pasteurs. L'hiver, ils conduisent leurs troupeaux dans le Sahara algérien; au printemps, ils remontent vers le Tell, pour y trouver des pâturages; et quand vient l'époque des moissons, ils aident à couper les grains pour faire paître leurs moutons dans les chaumes. Ils en possèdent plus de neuf millions; aussi la toison de ces précieux animaux est un des principaux objets de leur commerce.

On a pu admirer, à l'Exposition universelle de 1878, les magnifiques laines qui figuraient au pavillon algérien, en compagnie des cotons, des soies, des plumes, des grains, des huiles, des coraux, des marbres, des onyx transparents, des bois, des plâtres, des pierres à bâtir, des blocs de sel gemme, des échantillons de fer, de cuivre, de plomb, de zinc, d'antimoine, de mercure, de nickel, d'arsenic, etc....

Des plantes superbes, des fruits d'une rare beauté captivaient les regards, attirés par les trophées d'armes, les selles brodées d'or, les splendides vêtements des anciens Arabes, les peaux des lions et des panthères, les délicats ouvrages de sparterie, tissés des fibres de l'alfa, plante qui croît sans culture sur les plateaux élevés de l'Algérie, et qui deviendra certainement un de ses meilleurs produits, car on commence à en fabriquer des papiers excellents et des cartons à moulures, de qualité supérieure.

Le pavillon algérien, dont la pittoresque construction rappelait les monuments arabes de la ville de Tlemcen, était lui-même une merveille, et chacun se disait, en voyant les richesses qui y étaient renfermées, que si l'Algérie a coûté cher à la France, ces sacrifices seront amplement payés dans un prochain avenir.

XVIII.

Les Kroumirs. — Expédition en Tunisie. — Insurrection en Algérie.

On avait pu, cependant, après les désastres de la France en 1870, reconnaître que si les Arabes restaient soumis à notre domination, c'était par la crainte que lui inspirait la supériorité de nos armées. En apprenant nos revers, beaucoup de tribus essayèrent de ressaisir leur indépendance, et les impôts dont elles furent frappées, en punition de leur révolte, n'étaient pas encore entièrement payés quand eurent lieu les nouveaux soulèvements dont nous allons parler.

L'Algérie a pour voisins, d'un côté le Maroc, de l'autre la régence de Tunis, deux Etats musulmans dans lesquels les agitateurs étaient presque toujours sûrs de trouver un asile. Cependant nous vivions en bonne intelligence avec l'un comme avec l'autre, quand nos relations avec la Tunisie se refroidirent tout à coup, sous l'influence d'intrigants étrangers qui indisposèrent contre la domination française en Algérie le souverain actuel, Mohammed-el-Sadok.

La régence de Tunis est une monarchie héréditaire et absolue, dont le chef a conservé le titre de bey. La population, qui s'élève à plus de deux millions d'habitants, est en très-grande partie composée de musulmans ; mais dans les deux villes principales, Tunis et Sousse, le commerce est presque tout entier aux mains des Israélites et des chrétiens.

Dans les campagnes qui avoisinent les montagnes, des tribus arabes et berbères vivent à l'état nomade et se montrent fort jalouses de leur liberté. Elles nourrissent des troupeaux ; mais par goût, si ce n'est par besoin, elles se livrent au pillage.

Déjà plusieurs fois ces bandes avaient enlevé le bétail de nos colons et dévasté leurs cultures, lorsque, le 31 mars 1881, les Kroumirs, après avoir exercé leurs déprédations sur quelques propriétés françaises situées en Tunisie, firent irruption sur le territoire algérien. Le capitaine Clément, du 59e de ligne, accourut de Roum-el-Souk, dès le matin, avec quatre-vingts hommes, tous conscrits de l'année, et soutint le feu de l'ennemi jusqu'à midi ; alors une compagnie du 3e zouaves arriva à son secours, sous les ordres du capitaine Drouin.

Le combat dura onze heures, après lesquelles les Kroumirs, vivement poursuivis, repassèrent la frontière. Nous avions eu sept hommes tués et trois blessés ; il nous fallait une réparation, commençant par la punition des coupables, et nous donnant pour l'avenir toute sécurité. Le bey refusa de se joindre à nous pour châtier les Kroumirs, et nous offrit comme indemnité la somme de 300,000 fr.

On n'avait pas attendu cette réponse pour réunir sur la frontière les troupes dont l'Algérie pouvait disposer. Mohammed-el-Sadok adressa aux puissances de l'Europe une protestation contre les menaces et les actes de la France, en déclinant la responsabilité de ce qui pourrait en résulter.

La nécessité d'une expédition en règle ayant pour but de cerner les Kroumirs et d'obliger le bey à faire droit à nos justes griefs, fut reconnue; les Chambres votèrent les crédits demandés par le gouvernement français, et la plus grande activité fut déployée pour le transport de nos troupes en Afrique.

En même temps, la France disait hautement qu'elle ne voulait pas conquérir la Tunisie, mais seulement tirer vengeance des Kroumirs et déjouer les intrigues capables de compromettre la sécurité et la prospérité de l'Algérie.

Une armée de 20,000 hommes fut levée dans différents corps, de manière à ne porter aucune atteinte à l'organisation de ces corps, afin que rien ne s'opposât à leur mobilisation, si elle devenait nécessaire à la défense du territoire.

Des bâtiments de la Compagnie générale transatlantique furent chargés de prendre à Marseille les premières troupes destinées à cette expédition, et de les conduire à Alger, où elles devaient remplacer celles qui se dirigeraient vers la frontière tunisienne.

Mohammed-el-Sadok mobilisait son armée et en confiait le commandement à Sidi-Ali-Bey, qui s'installait sur la face de la colline de Tunis, qui regarde le Bardo. Ainsi se nomme le palais habité par le souverain.

L'armée dont dispose le bey est organisée à l'européenne; mais la discipline y est assez mal observée. Elle se compose d'une quinzaine de mille hommes, dont trois mille seulement peuvent être considérés comme des troupes régulières, les autres étant fournis par les tribus en temps de guerre.

Contre qui devait marcher cette armée? Contre les Français, disaient les uns; contre les Kroumirs, prétendaient les autres; mais les Arabes se sentaient plus disposés à se mesurer contre nos troupes qu'à attaquer les Kroumirs, qu'ils regardaient comme indomptables.

Le pays des Kroumirs forme le littoral de la Méditerranée sur une étendue de soixante kilomètres environ, entre le cap

Roux et le cap Négro, et s'étend le long de notre frontière algérienne. La Medjerda, seule rivière importante de la Tunisie, sert de limite aux territoires habités par les tribus nomades sur lesquelles pouvaient compter les Kroumirs.

Ce pays, tout à fait inconnu avant que nos troupes y eussent pénétré, est d'un accès très-difficile et présente, sur presque toute sa surface, d'étroites vallées, séparant des hauteurs couvertes de chênes-lièges, derrière lesquels il est facile de se cacher à l'approche de l'ennemi. Du côté de la mer, s'élèvent des montagnes escarpées, des massifs volcaniques, où l'artillerie aurait grand'peine à se frayer un chemin.

La marine militaire fournit au transport des troupes et du matériel de guerre six grands transports et un croiseur de premier rang, sans toucher à l'escadre cuirassée, dont les mouvements auraient pu provoquer l'envoi de bâtiments de guerre étrangers dans les eaux de Tunis.

Les navires devaient conduire leurs passagers dans le port de la Calle. Nos canonnières, grâce à leur faible tirant d'eau, purent y remorquer les chaloupes, malgré la houle causée par une brise assez fraîche d'ouest-nord-ouest, qui a fait regretter la suppression des directeurs des ports algériens et du matériel de débarquement dont ils disposaient.

De là, les troupes furent échelonnées par groupes, sur une longueur de deux cents kilomètres, près de la frontière algérienne de l'est, entre la Calle et Tebessa. L'aile gauche s'appuyait à Bone, le centre à Souk-Arras et l'aile droite à Constantine.

On réunit dans ces villes des approvisionnements de vivres et de munitions pour trois mois, afin que si les communications avec la Méditerranée venaient à être interrompues, ou qu'une insurrection éclatât en Algérie, les ravitaillements de l'armée fussent assurés.

En France, où l'on ne se rendait pas compte de toutes les difficultés qu'allait présenter la marche des troupes à travers un pays inconnu et hérissé de montagnes, on commençait à s'impatienter des lenteurs de l'expédition.

Malgré des temps épouvantables, nos vaisseaux de guerre surveillaient activement le littoral tunisien. La canonnière *Hyène*, chargée de reconnaître le passage qui existe entre l'île de Tabarka et la côte, eut à essuyer le feu d'un certain nombre de Kroumirs, embusqués dans les rochers. Dès que la nouvelle de cet incident fut transmise au gouvernement français, l'ordre d'occuper Tabarka fut aussitôt expédié à la flotte.

La *Surveillante*, le *Tourville*, la *Corrèze*, et les trois canonnières *Chacal*, *Hyène* et *Léopard*, reçurent la colonne expéditionnaire et la transportèrent en face de l'île, qu'ils trouvèrent occupée par un colonel tunisien. Cet officier, sommé de se rendre et ne pouvant lutter contre l'artillerie française, se contenta de protester, au nom du bey, contre l'envahissement du territoire tunisien.

Les troupes descendirent dans les embarcations des navires, ceux-ci ne pouvant assez s'approcher de la côte ; elles prirent possession de l'île et du fort, sans qu'aucun accident se produisît. Le colonel et les soldats tunisiens prirent place à bord d'un bâtiment chargé de les conduire à la Goulette, d'où il leur serait facile de regagner Tunis.

Cette capitale est assise au fond de la lagune de Boghaz, et communique avec le golfe de Tunis, dans la Méditerranée, par le canal de la Goulette, à l'entrée duquel se trouve le port du même nom.

Peu de jours après l'occupation de Tabarka, la *Reine-Blanche*, l'*Alma* et le *Cassard*, placés sous les ordres de l'amiral Conrad, entrèrent sans combat dans la ville de Bizerte, située des deux côtés d'un canal qui relie à la Méditerranée le lac Tinja, position grâce à laquelle Bizerte pourrait, sans grands frais, être transformé en un bon port.

Pendant que notre escadre fermait ainsi aux Kroumirs toutes communications avec la mer, nos colonnes expéditionnaires entraient dans leur pays et manœuvraient de manière à les enfermer dans un cercle de fer.

Le général Logerot, arrivé devant Kef, prit toutes ses dispositions pour attaquer cette place ; mais les portes lui en furent ouvertes par ordre du gouverneur, qui cependant fit les mêmes protestations que ceux de Bizerte et de Tabarka.

Le Kef serait une place forte très-importante par sa situation et par les fortifications dont elle est entourée, si elle appartenait à un autre peuple qu'aux Tunisiens. Bâtie sur un rocher, entourée d'un mur d'enceinte et protégée par plusieurs bastions, elle leur paraissait un rempart assuré contre une invasion algérienne, quoique les fortifications fussent en mauvais état et qu'on pût arriver facilement sur une hauteur qui domine la ville.

Le général Logerot y laissa un corps d'occupation et continua sa marche vers la vallée de la Medjerda, pour y rejoindre les troupes du général Forgemol, devant lequel venait aussi de se soumettre la ville de Béja.

La marche de ces colonnes était des plus pénibles. Le froid était très-vif, une pluie continuelle détrempait les terres, rendait glissants les sentiers tracés par le génie, et grossissait les cours d'eau qu'il fallait traverser.

Pour entrer chez les Kroumirs et achever de les cerner, nos soldats gravissaient des hauteurs et des pentes à pic en enfonçant dans la boue jusqu'aux genoux. Les groupes menaçants qui se formaient ne tardaient guère à être dissipés, et l'on ne peut dire qu'il y ait eu de sérieux combats à soutenir.

Les troupes tunisiennes ne s'étaient pas jointes aux nôtres pour châtier les Kroumirs ; elles ne nous avaient pas non plus attaqués, le bey ne se sentant pas assez fort pour lutter seul contre les Français. Toutefois il persistait à espérer une intervention des puissances étrangères, et ce ne fut que quand nos colonnes arrivèrent tout près de Tunis qu'il renonça enfin à cette illusion trop longtemps caressée.

Il consentit alors à signer un traité par lequel il acceptait le protectorat de la France, qui, de son côté, s'engageait à respecter ses droits dynastiques et lui garantissait l'intégrité de son territoire.

L'opinion publique accueillit avec joie la nouvelle de ce traité; le gouvernement le confirma, et des ordres furent donnés pour ramener au plus tôt en France les troupes expéditionnaires, qu'on avait hâte de réintégrer dans leurs corps respectifs. On regardait en outre comme un devoir de soustraire promptement les jeunes soldats aux influences d'un climat qui les disposait à la fièvre typhoïde et à l'anémie.

Cependant il était permis de craindre que la guerre ne fût pas terminée en Afrique. Le bey avait accepté les conditions qui lui avaient été posées; mais son autorité sur les tribus n'était pas assez grande pour qu'elles se soumissent aussitôt qu'il leur en aurait donné l'ordre.

Il fallait donc laisser un corps d'armée en Tunisie pour les contraindre à l'obéissance. D'un autre côté, des symptômes d'agitation s'étaient manifestés en Algérie dans le courant du mois d'avril. Des fanatiques s'efforçaient de soulever les populations arabes contre la domination étrangère, et, pour les porter à la révolte, ils exploitaient habilement les craintes que faisait naître l'insuffisance des récoltes encore sur pied.

Bou-Amena, marabout de Moghar, se montrait surtout fort exalté contre les Français. Il parcourait les Ksours, ou villages arabes, en prêchant la guerre sainte, et trouvait de fervents auditeurs dans le cercle de Géryville, où le tombeau d'un des plus grands saints de l'Islam attire en tout temps une foule de pèlerins.

Géryville, qui doit son nom au colonel Géry, qui le premier

parut dans ce pays à la tête des colonnes françaises, ne se compose que d'une trentaine de maisons et d'un fort. Il est situé à la limite du Sahara, au milieu d'une puissante tribu qui s'est toujours montrée hostile aux Français.

Un officier du bureau arabe, envoyé avec quatre spahis pour apaiser un commencement d'effervescence, fut massacré, ainsi que son escorte; le fil télégraphique qui reliait Géryville à Frendah fut coupé, et le courrier de Saïda fut tué.

Des colonnes mobiles aussitôt organisées ne parvinrent ni à s'emparer du fauteur de ces désordres, ni à l'empêcher de réunir sous l'étendard du prophète des insurgés de plus en plus nombreux. A leur tête, Bou-Amena pillait, incendiait, massacrait, en profitant de sa parfaite connaissance du pays et de la complicité des Arabes pour disparaître à l'approche de nos soldats.

Harcelé par le colonel Brunetière, qui devait le poursuivre jusqu'à Saïda, il se jeta brusquement vers les hauts plateaux où se trouvent de nombreux chantiers d'alfa. Les ouvriers de ces chantiers reçurent l'ordre de rentrer promptement à Saïda; mais ils ne se hâtèrent pas assez; les insurgés arrivèrent, et, après avoir tué soixante charretiers, ils emmenèrent prisonniers un certain nombre d'Espagnols employés à ces travaux.

Dès les premiers jours de juillet, le contre-coup de l'insurrection algérienne se faisait sentir en Tunisie. Le bey ordonna l'envoi d'un corps de douze cents hommes de son armée à Sfax, pour étouffer les tentatives d'agitation dans cette contrée et empêcher la contrebande de guerre. Dans le même but, le cuirassé *l'Alma* et trois canonnières françaises se dirigeaient vers le golfe de Gabès, sur lequel Sfax est situé.

Les soldats tunisiens n'eurent pas le temps d'arriver dans cette ville avant que le fanatisme musulman y fît des victimes. Les révoltés, violemment surexcités non-seulement contre les

Français, mais contre tous les chrétiens, tuèrent et blessèrent des étrangers appartenant à diverses nationalités.

Sfax, bien fortifié, entouré d'ouvrages de défense, et d'ailleurs d'un accès très-difficile, à cause du peu de profondeur de l'eau et des quantités de vase qui y sont amassées, comptait sur l'aide de nombreuses troupes arabes accourues dans ses environs. Le bombardement de la place ayant été décidé, le *Chacal* ouvrit le feu le 7 juillet. Une batterie de onze pièces lui répondit sans l'atteindre, et les habitants, terrifiés de la puissance de nos canons, tirant à de si grandes distances, désolés surtout de voir leur belle mosquée complètement détruite, étaient disposés à se rendre ; mais les insurgés qui s'étaient jetés dans la place entreprirent de résister, et le lendemain, nos troupes, l'ayant attaquée de front, s'en emparèrent, malgré toutes les difficultés du débarquement. Peu de jours après, Gabès fut occupé, ainsi que l'île Djerba.

Dans ces diverses affaires, notamment à Sfax, les insurgés avaient éprouvé de grandes pertes. Cependant l'agitation allait croissant ; des Arabes venus de Kairouan répandaient le bruit d'un soulèvement général. Des groupes d'insurgés pillaient, assassinaient jusque dans le voisinage de Tunis, et dévastaient même les propriétés du bey.

La situation était assez grave pour nécessiter de nouveaux envois de troupes en Tunisie aussi bien qu'en Algérie, où Bou-Amena continuait à entraîner les tribus dans sa révolte, malgré un sérieux combat dans lequel l'avantage restait aux Français.

Le général Saussier, nommé au commandement du 19e corps d'armée, conçut le projet de former à Tébessa, sur la frontière sud-est de la province de Constantine, un corps expéditionnaire qui irait à Kairouan, en traversant la Tunisie de l'ouest à l'est, tandis qu'un autre corps agirait dans le sud de l'Algérie.

Pendant le rhamadan ou carême musulman, Bou-Amena

s'était retiré vers les frontières du Maroc. Les chaleurs qui régnaient alors en Afrique rendaient les opérations militaires encore plus pénibles pour les Français que pour les Arabes, et l'on profita d'un moment de calme pour préparer la campagne sur laquelle on comptait, dès que les pâques musulmanes seraient passées.

La construction d'un chemin de fer entre Saïda et le Kreider était activement poussée, quand on apprit que 90,000 hectares de forêts venaient d'être incendiés dans les provinces de Constantine et d'Oran. Une grande partie de cette surface n'était, il est vrai, couverte que de broussailles ; cependant, pour éviter le retour de semblables attentats, la population indigène reçut l'ordre de quitter le voisinage des forêts de Jemmapes et de Bougie.

Il n'y avait pas à se méprendre sur les causes de cet attentat; il avait été inspiré par le fanatisme musulman, surexcité par les prédications des marabouts. Pour tenir tête à la guerre sainte qui soulevait tout le nord de l'Afrique, depuis le Maroc jusqu'à la Tripolitaine, la France dut envoyer de nouvelles troupes, dont les unes furent dirigées sur la Tunisie, tandis que les autres allaient renforcer nos colonnes en Algérie, ou prendre position le long des forêts qui bordent le Tell.

Ces troupes, pleines d'ardeur et de dévouement, livrèrent aux insurgés de nombreux combats, les poursuivant à travers les montagnes et les déserts, sous un soleil de feu, et n'ayant pas toujours de l'eau pour étancher leur soif.

Enumérer toutes les rencontres, citer tous les faits d'armes, rendre compte de tant de marches et de contre-marches pour s'emparer d'insaisissables ennemis, défendre les tribus demeurées dans le devoir, châtier les insoumises, et empêcher l'esprit de révolte de triompher de celles qui hésitaient encore, serait une tâche impossible.

Au commencement d'octobre (1881), la Tunisie était encore

en pleine insurrection sur divers points de son territoire. Les gares étaient brûlées, les voies ferrées détruites, les fils télégraphiques coupés, les camps attaqués, les étrangers sérieusement menacés. Le 10 du même mois, on recevait en France, du général Logerot, une dépêche annonçant que la ville de Tunis et les forts qui en dépendent venaient d'être occupés par nos troupes sans que le moindre incident fâcheux se fût produit.

L'ordre et la paix régnèrent dès lors dans la ville, et les Arabes eux-mêmes virent d'un bon œil l'occupation française ; car ils n'avaient qu'une confiance limitée dans la protection des soldats tunisiens.

En Algérie, plusieurs tribus du sud oranais, qui avaient demandé à faire leur soumission et à reprendre possession de leurs territoires, en furent empêchées par les marabouts Si-Sliman et Si-Kaddour, qui, jetant le masque, après avoir gardé jusque-là une conduite équivoque, venaient de se déclarer contre nous.

La marche de nos troupes sur Kairouan, préparée depuis l'arrivée du général Saussier en Afrique, allait enfin commencer.

Une colonne forte de 8,000 hommes et parfaitement approvisionnée, partait de Tebessa sous les ordres du général Forgemol, qui, au début de cette marche, reçut des offres de soumission et vit les indigènes lui amener du grain et des troupeaux.

Kairouan, autrefois capitale des Etats musulmans de l'Afrique, est située au sud-est de la régence de Tunis, et sert d'entrepôt à son commerce avec l'intérieur. Elle compte 40,000 habitants; toutefois ce n'est ni à sa population ni à sa richesse qu'elle doit son importance ; c'est à une célèbre mosquée, qui y attire d'innombrables pèlerins, et qui en a fait la ville sainte de la Tunisie.

Dès que les insurgés qui s'y étaient donné rendez-vous eurent été informés de la marche des colonnes françaises, ils s'en éloignèrent, afin que si un combat était livré, ce ne fût pas sous ses murs vénérés. Mais, avant d'en quitter les abords, ils remplirent de sable les puits situés à l'étape voisine, dans l'espoir de retarder ainsi l'arrivée des roumis.

Pendant que nos troupes continuaient à s'avancer vers Kairouan, trois autres colonnes marchaient contre les rebelles du sud oranais. Ceux de la Tunisie étaient aussi l'objet de poursuites incessantes, et toutes les précautions étaient prises pour que les communications entre les divers corps de troupes ne pussent être interrompues.

Enfin, le 28 octobre, le général Saussier, de son quartier général, voisin de Kairouan, adressait au ministre de la guerre la nouvelle de la soumission de la ville sainte. Les insurgés, démoralisés par les mouvements concentriques de nos colonnes, s'étant retirés dans la direction du sud, la place avait aussitôt ouvert ses portes au général Etienne, qui l'avait immédiatement occupée.

La colonne Forgemol arriva le 29 devant Kairouan, après treize jours d'une des plus belles marches qui aient été faites. Ni les difficultés d'une route à peu près inconnue, ni les attaques presque continuelles des révoltés, n'avaient pu décourager nos soldats ni même leur faire demander un peu de repos.

Les autres colonnes n'avaient montré ni moins de valeur ni moins de discipline. Leur marche à travers la Tunisie et l'occupation de Kairouan par notre armée produisirent sur les rebelles une impression dont le général en chef sut profiter.

Sans perdre un temps que les circonstances rendaient précieux, il organisa deux fortes colonnes qui devaient opérer au sud de la ville sainte, sous le commandement du général Logerot et du général Forgemol, tandis qu'une troisième, aux ordres du général Philibert, s'avancerait dans les montagnes du nord-ouest pour en déloger les insurgés et leur prouver qu'ils n'avaient d'autre moyen de salut qu'une prompte et entière soumission.

Plusieurs autres petits corps de troupes prirent dans le même but des directions différentes, et les chefs de chacun de ces corps reçurent du général Saussier l'ordre de faire tout ce qui dépendrait d'eux pour organiser les pays qu'ils soumettraient.

Des divisions commençaient à éclater entre les rebelles, dont les uns voulaient résister encore et les autres rentrer dans le devoir. La vigueur avec laquelle les opérations furent poussées eut tout le succès qu'on en pouvait attendre. Traqués sur tous les points, battus dans toutes les rencontres, et poursuivis sans relâche, les insurgés ne savaient plus de quel côté se diriger pour échapper à nos troupes. Ils allaient être enveloppés en grand nombre par les colonnes Philibert, d'Aubigny et Laroque, lorsque Ali-Ben-Amar, leur chef, les abandonna et, grâce à la rapidité de son cheval, gagna la montagne, suivi de quelques-uns de ses plus zélés partisans.

Plusieurs tribus ayant obtenu l'aman, rentrèrent dans leurs douars ; quelques-unes, il est vrai, ne tardèrent pas à oublier la soumission qu'elles avaient promise, et, cédant encore une fois à de perfides insinuations, se révoltèrent de nouveau ; mais on ne leur laissa pas le temps de s'organiser, et le pardon ne leur fut accordé qu'à des conditions beaucoup plus sévères que la première fois.

Au commencement de l'année 1882, époque à laquelle nous écrivons ces lignes, la guerre peut être regardée comme terminée en Tunisie. Le calme le plus complet y règne et la sûreté des communications y est partout rétablie. Les insurgés, au nombre de huit à dix mille, se tiennent à l'ouest de Tripoli, sous le commandement d'Ali-Chérif, le défenseur de Sfax ; mais ils ne peuvent ni remonter vers le nord ni essayer de se rapprocher par l'ouest, sans rencontrer les Français et leur livrer bataille.

Le général Lambert, nommé par le bey au commandement en chef de l'armée d'occupation, est chargé de réorganiser les troupes tunisiennes, avec l'aide des officiers indigènes qui ont fait leurs études à l'école militaire de la Régence, lorsque cette école était dirigée par des Français.

Tant que ces troupes ne seront pas en état de rétablir l'ordre en Tunisie, des garnisons françaises en occuperont les villes et les principaux points stratégiques. On pense qu'un effectif de 20,000 hommes sera plus que suffisant pour maintenir la tranquillité ; car le protectorat de la France y est aujourd'hui bien établi, et les indigènes ont appris à respecter notre drapeau. On ouvre d'ailleurs partout des routes, on élève des fortins, on fortifie les puits de manière à rendre la défense facile en cas de besoin.

Quant à l'Algérie, si elle n'est pas complètement pacifiée, la province d'Alger et celle de Constantine jouissent d'un calme profond ; dans le Tell, les indigènes ont repris leurs travaux, et ils attendent impatiemment la fin des opérations militaires, qui doit les remettre en possession de leurs animaux de labour, réquisitionnés pour les besoins de l'armée.

La situation est moins bonne dans le sud de la province d'Oran, toujours menacée par les trois marabouts Si-Sliman, Si-Kaddour et Bou-Amena. Cependant l'installation d'un poste militaire et d'une redoute en état de défense à Aïn-Sefra assure à nos colonnes la liberté de leurs mouvements ; elles fouillent les montagnes, et, au lieu de traverser seulement la partie de notre territoire voisine de celle où ces chefs se sont retirés, elles attendent l'occasion de les combattre.

Toutefois l'Algérie ne devra compter sur une paix durable que quand l'autorité militaire pourra, au moyen des chemins de fer, transporter rapidement des troupes sur tous les points menacés, même aux limites du désert, où les agitateurs trouvent un refuge.

Pour lutter contre l'Arabe, il faut pouvoir lancer à sa poursuite des forces imposantes, et non de faibles colonnes toujours compromises; il faut l'empêcher de couper les communications, de s'emparer des sources et d'enlever les convois, dont les Européens ne peuvent se passer, tandis que lui et son cheval peuvent vivre tout un jour de quelques dattes et d'une poignée d'orge.

Pendant cette rude campagne, l'importance des voies ferrées s'est fait sentir; des compagnies du génie et un grand nombre d'ouvriers civils ont été employés à la construction du chemin qui doit relier Saïda au poste militaire de Mécheria. Espérons qu'un jour cette ligne se prolongera jusqu'à Géryville, où a éclaté l'insurrection qui vient encore de coûter si cher à la France.

FIN DE L'ALGÉRIE.

L'AFRIQUE.

I.

Coup d'œil général.

L'Afrique est une région immense située en grande partie entre les tropiques. Baignée de tous côtés par la mer, elle tenait au continent de l'Asie par une langue de terre de vingt lieues, occupée aujourd'hui par le canal de Suez.

L'intérieur du pays est peu connu, car il a toujours été difficile d'y pénétrer. Les sables brûlants, les déserts arides, des peuplades sauvages et inhospitalières, des chaînes de rochers qui traversent les fleuves et rendent la navigation impraticable, les influences du climat, tous les obstacles réunis, ont longtemps découragé la curiosité et même l'avidité du voyageur et du commerçant.

Ce n'est que depuis le siècle dernier qu'il s'est rencontré des hommes assez intrépides pour affronter tous ces dangers, et dérober au prix de leur vie les secrets des déserts africains.

Mais les côtes ont été fréquentées dans tous les temps, surtout la côte orientale, qui regarde l'Inde et qui est voisine de la mer Rouge, de ce golfe qui par sa situation semble fait pour rapprocher l'Afrique de l'Asie, et qui a dû toujours être le centre d'un grand commerce.

L'Afrique est presque tout entière sous la zone torride; aussi la chaleur y est-elle dévorante, et la stérilité se trouve très-souvent auprès de la plus étonnante fertilité.

Une grande partie du continent se compose de plaines brûlantes, remplies d'un sable fin et mouvant et parsemées de loin en loin de quelques vertes oasis.

Les caravanes de marchands qui traversent ces déserts sont quelquefois englouties sous des montagnes de sable que le vent soulève comme les flots de la mer.

Une foule d'animaux féroces, lions, tigres, panthères, rhinocéros, habitent ces contrées, avec les éléphants, les girafes et les gazelles, sans compter les crocodiles, les serpents monstrueux et d'innombrables insectes.

Une végétation puissante se développe sous l'influence du soleil des tropiques; on y trouve d'immenses végétaux, tels que le bambou, le palmier et le baobab, dont le tronc atteint quelquefois trente mètres de circonférence.

L'Afrique, telle que nous la connaissons actuellement, offre une surface bien inégale.

Dans une étendue immense ce sont des sables brûlants, des terres inhabitables; ailleurs, ce sont de hautes montagnes, inondées de pluies régulières, d'où naissent un petit nombre de fleuves, qui apportent avec eux les principes de la fécondité la plus abondante.

Si l'on se laissait prévenir par le désavantage de tant de terres inhabitables, et par la couleur noire d'une grande portion des habitants naturels de l'Afrique, on serait assez tenté de la regarder comme une partie disgraciée que la nature a traitée en marâtre.

Mais si l'on rectifie des notions fausses ou incomplètes, et si l'on se dépouille de l'ascendant des préjugés sur les formes et les couleurs, on verra que l'Afrique a été aussi bien partagée qu'elle pouvait l'être, et que les habitants de la zone torride ont moins à se plaindre de la nature que des hommes.

Toute la partie nord-est est fort montagneuse. Ce n'est point une chaîne, mais d'abord un massif considérable qui s'élève, s'étend et renferme les sources qui toutes concourent à la formation du Nil.

Sujettes à éprouver des froids considérables à leurs sommets, ces montagnes sont, dans certain temps de l'année, couvertes de neige, et dans un autre submergées par les pluies régulières de la zone torride.

Ces pluies abondantes et générales sur toute cette contrée se débordent en torrents, pénètrent jusque dans les profondeurs où sont les sources des fleuves, et les forcent de s'élancer hors de leurs lits, comme le Nil, qui vient féconder des terres altérées.

La côte septentrionale est dessinée par une longue chaîne de montagnes, dont le plateau est à l'ouest. Les anciens l'ont désigné par le nom d'Atlas, en grec *souteneur*, parce qu'il leur paraissait former de ce côté un des soutiens du ciel.

Ce n'est pas s'abandonner à des conjectures trop hardies que de soupçonner qu'il fut un temps où ce plateau portait fort loin à l'ouest des rameaux, dont on retrouve encore des traces dans les groupes d'îles qui, du cap Bojador, s'étendent, en remontant par le nord-ouest, jusqu'au delà des Açores.

C'est dans ce vaste emplacement qu'exista, sans doute, ce pays disparu qu'on appelait *Atlantide*. Rien n'est aussi conforme aux lois de la nature que l'existence d'une grande île là où nous voyons encore des montagnes, et que la destruction de cette même terre où tout manifeste d'anciens ravages du feu et l'existence actuelle de volcans encore en activité.

Au sud de cette longue zone montagneuse qui occupe la partie septentrionale de l'Afrique, est une mer de sable que les Arabes appellent Sahara, c'est-à-dire grand désert.

C'est là que la nature a partout imprimé le cachet de la réprobation. Ce n'est que par des intervalles très-séparés que la nature y a placé l'eau et la végétation qui en est la suite.

A partir du Sénégal et du Niger, jusqu'à la mer Rouge, sur une bande très-large, les habitants naturels à l'Afrique sont noirs, avec de différentes nuances très-sensibles dans la couleur, les formes et les inclinations.

Les anciens, qui n'ont pas connu les navigations de la zone torride, ont dû ignorer l'existence des *vents réguliers* que l'on y éprouve chaque jour, allant de l'Orient vers l'Occident. Si Christophe Colomb les eût connus, il est probable qu'il fût arrivé plus promptement en Amérique.

Actuellement, aucun marin n'ignore que pour aller aux Antilles, il faut descendre le long de l'ancien continent, reconnaître les Canaries, et s'avancer même jusqu'au delà du tropique. C'est alors qu'en s'abandonnant aux vents alizés, on se dirige à l'ouest.

Le vent alizé, qui se fait sentir régulièrement jusqu'à trente degrés de chaque côté de l'équateur, est causé par l'action du soleil sur l'atmosphère de cette partie du globe. Sa chaleur cause, sur tous les points où ses rayons tombent perpendiculairement, une dilatation telle, que l'air s'y élève à une très-grande hauteur, tandis que d'autres parties fluides, mais plus condensées et plus froides, viennent de chacun des pôles remplacer les parties trop élevées. Mais cette partie de l'atmosphère, élevée si haut en se dilatant, retombe bientôt privée de la chaleur qu'elle avait reçue du soleil. Elle roule, pour ainsi dire, vers les pôles, pour y remplacer l'air que la même cause avait porté vers la zone torride. La même cause agissant pendant 24 heures, et les mêmes effets en résultant nécessairement, il s'ensuit que pendant toute l'année les vents alizés, depuis six heures du matin jusqu'à six heures du soir, auront leur direction de l'est à l'ouest, puisque, par le mouvement de rotation, la terre présentera successivement au soleil tous les points de l'équateur, en allant de l'ouest à l'est.

Si, sur les côtes occidentales de l'Afrique, on éprouve souvent des brises qui portent sur les terres, c'est que la chaleur y est telle, que l'air s'y raréfie encore, et que sur la mer il a repris, pendant l'absence du soleil, un peu de cette fraîcheur qui le condense. Alors il se porte vers la côte par sa pesanteur pour faire équilibre avec celui qui s'était dilaté sur les sables brûlants de l'intérieur.

Un assez grand nombre de causes secondaires donnent d'ailleurs lieu à des variations particulières. Les vents d'Egypte, appelés éthésiens par les Grecs, ceux qui ravagent quelquefois les environs du cap de Bonne-Espérance, ne peuvent être expliqués qu'autant que l'on connaît la longue vallée du Nil, ou la situation des montagnes méridionales de l'Afrique.

Quoique l'Asie paraisse devoir occuper la place la plus ancienne dans l'histoire, il n'en est pas moins vrai qu'aucun historien ne nous parle de l'Asie avant de parler de l'Egypte, qui appartient à l'Afrique. Nous ne trouvons pour les autres parties qu'un silence universel.

Nous n'avons nulle part ailleurs, en Afrique, aucun monument qui appartienne à l'histoire de ces temps reculés. Tyr, qui devint si riche par son commerce, et qui fonda des colonies le long des côtes, n'a écrit aucune histoire.

Ainsi, quoique l'Ethiopie, la Libye, et toute la partie septentrionale de l'Afrique, fussent habitées depuis longtemps, et même très-peuplées de nations civilisées, puisque le commerce y avait formé des établissements, nous n'avons pas d'époque regardée comme certaine avant la fondation de Carthage par Didon, en 883 avant J.-C.

L'Egypte, conquise successivement par les Perses, par Alexandre, et soumise aux Lagides, ses successeurs, passa comme Carthage, la Nubie et la Mauritanie, au pouvoir des Romains. Ces puissants dominateurs possédèrent l'Afrique jusqu'à ce qu'elle leur fut enlevée par les Arabes, qui dès l'an 714 gagnèrent en Espagne la bataille de Xérès, après avoir conquis en Afrique tout ce qu'y avaient possédé les Romains.

En 1551, Tripoli avait été conquise par les Ottomans, qui s'emparèrent aussi de Tunis en 1571; mais vers 1590, ces mêmes Etats reprirent leur indépendance, ou plutôt furent assujettis à des Turcs, devenus indépendants, sous la protection de la cour ottomane.

Tandis que les Arabes jouaient un si grand rôle sur les débris de l'empire romain, les peuples de l'Europe étaient autant de générations nouvelles venues du Nord. Les croisades et les conquêtes en Italie avaient donné le goût et l'habitude des voyages par mer. Enfin, la découverte de la boussole faisant tourner au profit du génie les bienfaits dus au hasard, on osa s'éloigner des côtes et s'élancer dans l'Océan. Les Normands, qui depuis plusieurs siècles naviguaient dans les mers du Nord, en se hasardant vers le Sud, découvrirent à la fin du XIVe siècle les îles que Ptolémée nommait *îles Fortunées*, et que nous appelons Canaries.

A peu près dans le même temps, les Portugais, qui avaient eu longtemps à se défendre dans leur pays de la domination des Maures, résolurent de les attaquer chez eux. Le roi Jean équipa une petite flotte, qui s'avança jusqu'au cap Bayador en 1433. Bientôt ils s'avancèrent plus loin. Le cap Blanc, les embouchures du Sénégal et de la Gambie, puis le cap Vert, furent connus, ainsi que les îles de ce nom.

Mais lorsque le prince Henri mourut en 1463, on n'avait encore découvert qu'à peu près 500 lieues de la côte d'Afrique. Le roi Jean II, comme son prédécesseur, se livra au goût des découvertes. On eut connaissance du Congo en 1484.

C'est alors qu'apercevant le ciel étoilé d'un autre hémisphère, on espéra pouvoir, en continuant de suivre la côte, arriver aux Indes par cette route ; mais les dangers paraissant s'augmenter avec la longueur de la course et le temps qu'elle exigeait, le commandement d'une nouvelle expédition fut confié, en 1486, à Barthélemi Diaz, capitaine expérimenté.

Après une navigation de 300 lieues, il fut convaincu qu'il existait au sud de l'Afrique un promontoire, où des tempêtes avaient maltraité sa flotte; il en consacra le souvenir en le nommant cap des Tempêtes. Ce nom, suggéré par le moment présent, fut changé en un autre inspiré par le sentiment flatteur d'un plus heureux avenir. Le roi Jean nomma le point nouvellement découvert cap de Bonne-Espérance.

Vers la même époque, Christophe Colomb découvrait l'Amérique (1492). Vasco de Gama, cinq ans après, doublait enfin le cap de Bonne-Espérance, et visitait les côtes orientales de l'Afrique, ouvrant ainsi une nouvelle route pour les Indes.

Ainsi, l'Afrique se montrait insensiblement tout entière aux navigateurs européens; mais ce n'est que dans le dernier siècle qu'on osa pénétrer dans l'intérieur de ce vaste continent. Le zèle que mettent aujourd'hui les Anglais et les Français à la continuation de ces découvertes leur méritent l'estime des nations éclairées.

Suivons à vol d'oiseau ces hardis explorateurs, et nous reviendrons sans danger chargés de riches dépouilles.

II.

La Barbarie.

C'est la partie septentrionale de l'Afrique, comprenant ce que les anciens appelaient la Mauritanie, la Numidie et les Etats carthaginois, et que nous nommons aujourd'hui Algérie, Maroc, Tripoli et Tunis.

La chaîne de l'Atlas partage la Barbarie en deux contrées. Celle du nord est fertile et jouit d'un climat agréable, à cause des brises de la mer; elle produit en abondance des céréales et des fruits excellents. Celle du sud n'offre que des plaines brûlantes, imprégnées de sel, souvent ravagées par des nuées de sauterelles. Les montagnes et les déserts sont peuplés d'animaux féroces et de serpents très-dangereux. Jules Gérard semble avoir goûté un âpre plaisir à traquer pendant onze années les lions qui dévastaient plusieurs cercles de notre colonie d'Algérie.

L'Algérie, dont le territoire est d'une fertilité extrême, offre une température élevée, mais rafraîchie par les vents; l'hiver y est fort doux et ne se fait guère sentir que par des pluies abondantes, qui durent jusqu'en avril.

Alger est bâtie en amphithéâtre sur le penchant d'une colline, au bord de la mer. Elle est entourée d'un large fossé et d'une muraille garnie de canons. Quand on parcourt un quartier de cette ville où les Français n'ont point porté le marteau, on croit errer dans les détours étroits d'un labyrinthe ; c'est à peine si on peut passer deux de front dans les rues, et dans beaucoup d'endroits, les toits opposés se joignent et forment une arcade. Mais la ville s'est beaucoup embellie et assainie depuis qu'elle appartient aux Français ; on y a ouvert plusieurs rues et de belles places, qui offrent un spectacle vraiment curieux par la diversité des costumes et des figures. Au milieu de ces Maures aux larges turbans, de ces juifs à l'air rusé, de ces Kabyles à l'air farouche, l'Européen n'y gâte pas l'harmonie du tableau.

Maroc, dans une petite plaine couverte de palmiers, offre de loin un très-bel aspect ; mais, au dedans, les rues sont étroites, sales et hideuses.

Le territoire de Tripoli offre des montagnes peu élevées, de faibles cours d'eau et beaucoup de plaines arides, tandis que celui de Tunis est d'une extrême fertilité. En revanche, la ville de Tunis, qui est tout près de l'ancienne Carthage, est laide et insalubre, tandis que Tripoli est la plus belle ville de Syrie et est entourée de très-beaux sites, surtout du côté de la mer.

L'Etat de Tripoli s'étend depuis la grande Syrte à l'ouest jusqu'à la petite Syrte à l'est, selon les dénominations anciennes, qui répondent aux golfes de la Sydre et de Gabès. A l'est se trouve la Cyrénaïque, dont les villes maritimes firent autrefois un grand commerce et qui furent ruinées par les Arabes.

L'Etat de Tunis comprend l'Afrique propre des anciens, qui formait le territoire de Carthage. La ville est avantageusement située au bord d'un lac, où l'on n'arrive que par un cana appelé Goulette. C'est le plus civilisé des Etats de la Barbarie, quoique les Kroumirs ne nous aient pas donné une haute idée du gouvernement tunisien.

L'empire du Maroc occupe la partie nord-ouest de l'Afrique, où se trouve la plus grande masse du mont Atlas, qui laisse entre lui et la mer, au nord, une vaste étendue de plaines. L'élévation de ces montagnes est si grande, surtout du côté de la ville de Maroc, que, malgré la situation au midi d'un pays très-chaud, leur sommet est couvert de neige toute l'année. Pendant l'hiver, les lions, les loups, les sangliers, les aigles, d'une grosseur étonnante, descendent dans les vallées et y portent la désolation. Mais, à côté de cette neige perpétuelle, on voit dans la plaine des jardins couverts d'arbres fruitiers, embellis de la plus riche verdure, même au mois de décembre. Là, les Berbers (d'où le nom de *Barbarie*) habitent sous des tentes à la manière des Arabes : ce sont les descendants des Mauritaniens et des Numides.

Ce peuple ne connaît pas d'autre amusement que la chasse, et l'habitude de cet exercice en fait d'excellents tireurs. Ils nourrissent des bestiaux, dont ils vendent les peaux, devenues pour eux l'objet d'un commerce considérable. Mais il y a des Berbers qui vivent comme des sauvages ; et ceux-là ne veulent habiter que les cavernes dans les montagnes. Ils paient l'impôt quand il leur plaît, et cette race inquiète quelquefois le gouvernement.

Là aussi habitent les Maures, graves et mélancoliques, chauds en protestations d'amitié, mais fort inconstants dans leurs affections. La marque la plus sûre de leur contentement, c'est lorsqu'assis sur leurs talons, ils s'amusent à se caresser la barbe. On trouve encore dans le Maroc des nègres et des mulâtres ; mais les vrais Africains se trouvent dans le Sahara et la Nigritie, que nous allons parcourir.

III.

Le Sahara et la Nigritie.

Le Sahara n'est qu'un immense désert de sable, coupé de collines, de vallons et d'oasis, où l'on trouve quelques hordes féroces, tels que les Tibbous, qui vivent dans des grottes, et les Touaregs, tous musulmans et fameux pillards.

On ne traverse le Sahara qu'en caravanes. De hardis Européens s'y sont aventurés et nous ont donné quelques connaissances de ces pays. L'eau y est très-rare; des vents brûlants y soufflent et soulèvent des nuées de sable. Le sel y abonde, mais la végétation est pauvre, sauf dans les oasis.

Dans le Soudan ou Nigritie, le climat est généralement brûlant, même à l'ombre; sur quelques points pourtant, on a des hivers très-rudes, et la saison pluvieuse commence en juin pour durer très-longtemps.

Ces pays furent inconnus aux anciens, qui niaient la possibilité d'habiter sous la zone torride et qui plaçaient là une mer.

C'est là qu'on trouve le boa, le plus monstrueux des serpents, et l'autruche, le plus grand des oiseaux.

Les habitants de la Nigritie ou Soudan sont noirs et forment la race éthiopienne ou nègre. On distingue dans la race nègre plusieurs grandes familles, dont les principales sont, dans l'Afrique centrale : les Ghiolofs, qui sont les plus beaux et les plus noirs des nègres ; les Achantis, braves, mais féroces, qui construisent leurs huttes avec beaucoup d'art ; les Mandingues, qui sont assez policés, mais voleurs. Ces derniers pratiquent quelques opérations chirurgicales, travaillent le fer, préparent le cuir, tissent des étoffes à leur usage, entendent bien le commerce et ont une langue agréable, dont on fait un grand usage dans cette partie de l'Afrique.

Tombouctou, la ville la plus importante de la Nigritie centrale, est le plus grand entrepôt commercial de l'intérieur de l'Afrique ; tout le sel des mines de Toudeyni y est porté, et il y vient des caravanes de tous les points de l'Afrique septentrionale. Cette ville, aux rues étroites, aux maisons basses, est située dans une plaine de sable blanc.

La Société de Géographie de Paris ayant proposé un prix de 10,000 fr. pour le premier voyageur d'Europe qui reviendrait de Tombouctou, M. Caillié, né en Poitou, fils d'un boulanger et orphelin dès l'enfance, s'embarqua à quinze ans pour le Sénégal, sans fortune, sans amis et sans secours. Après dix ans d'obstacles et de traverses de tout genre, il réussit à pénétrer dans l'intérieur de l'Afrique. Malgré des fatigues et des souffrances inouïes, il parvint à Tombouctou, l'unique but de ses recherches. Plus heureux que ses prédécesseurs, il revint en France après seize ans d'absence, et reçut le prix décerné. Mais il mourut dix ans après, des suites d'une maladie qu'il avait rapportée d'Afrique.

C'est de Tombouctou et d'Aroan que les parties septentrionales et occidentales de l'Afrique obtiennent l'or, les dents d'éléphants et le sel.

Agadès, plus à l'orient, est au centre d'une oasis assez fertile.

On va de ce lieu, en 45 jours de marche, chercher du sel au lac de Dombou.

Mais, excepté quelques oasis, ce vaste désert est seulement parcouru, soit par les caravanes qui le traversent, soit par des Maures, Bédouins ou pasteurs, qui se transportent d'un lieu dans un autre avec leurs familles et leurs troupeaux. Ceux de la côte font ordinairement des signaux aux vaisseaux, afin de les attirer à une perte inévitable.

A l'est de la zone septentrionale du Sahara se trouve le Fezzan, petit Etat qu'on peut regarder comme une grande oasis. Il est entouré de montagnes et renferme un peuple bien pauvre. Quoique privé de rivières, le pays produit du maïs et quelques légumes. Il y a une centaine de villes et de villages, dont Mourzouk est la capitale. En général tous les habitants du Fezzan sont des nègres fort laids. Ils obéissent à un souverain qui se maintient dans l'indépendance de ses voisins, parce qu'il est garanti de leurs attaques par les montagnes.

Toute la partie de l'Afrique que les anciens appelèrent Nigritie et que les naturels appellent Soudan, comprend tout le bassin du Niger ou fleuve noir, et les sources du Sénégal et de la Gambie, allant à l'ouest, tandis que le Niger ou Joliba coule vers l'est. C'est dans cette vaste étendue que se trouvent plusieurs royaumes nègres, enrichis par un très-ancien commerce : telles sont les villes de Tombouctou, Ségo et Haoussa. Nos explorateurs actuels ne tarderont pas à nous faire connaître la géographie exacte de ce grand pays, où tant de voyageurs intrépides ont trouvé la mort.

Chacune des parties de la côte tire son nom de ses principales productions. La *côte des graines* est très-fertile en pois et fèves, en fruits, tels que les oranges et les citrons. La *côte des dents* est ainsi appelée à cause de l'ivoire ou dents d'éléphant que les animaux de ces vastes forêts y fournissent. Le climat y est brûlant, mais plus sain que celui du Sénégal, où nous entrons maintenant.

IV.

La Sénégambie.

La Sénégambie, où les Français ont quelques établissements, est en général habitée par des nègres. Ce pays est malsain et sujet à d'effroyables ouragans, mais très-fertile, sauf dans quelques déserts.

Le climat est si chaud, qu'au mois de janvier la chaleur surpasse celle de l'Italie au mois d'avril; et plus on avance, plus on la trouve insupportable.

Du côté de la mer, le calme est ordinairement si profond, qu'on n'y ressent pas le moindre souffle; et les bois arrêtent aussi le mouvement de l'air du côté des terres; aussi les hommes et les animaux ne peuvent-ils respirer, surtout le long de la côte, dans la basse marée; car la réverbération du sable y écorche le visage et brûle jusqu'à la semelle des souliers.

Le Sénégal est souvent ravagé par des nuées de ces sauterelles dont il est parlé dans les dix plaies d'Egypte. Elles sortent ordinairement de la Tartarie, de l'Arabie ou du Sahara, et viennent porter la désolation et la misère jusqu'en Europe.

Heureusement ces insectes redoutables rencontrent de puissants obstacles; un vent violent, une pluie d'orage, peuvent en détruire des millions en un instant; les renards, les oiseaux et les grenouilles en dévorent une grande quantité.

Pour donner une idée de l'invasion formidable de ces sauterelles, le *Moniteur* cite ce fait : « Le 19 novembre 1864, le bateau à vapeur *l'Archimède*, mouillé dans le fleuve, a eu devant lui le spectacle le plus extraordinaire. Un nuage de sauterelles, suivant de l'ouest à l'est la rive gauche du Sénégal, et rasant la terre, cachait complétement tout le pays comme un rideau épais. Les sauterelles volaient avec la vitesse de six kilomètres à l'heure; elles passèrent depuis le matin jusqu'au coucher du soleil, ce qui suppose déjà une colonne d'une quinzaine de lieues de longueur; mais comme, au coucher du soleil, le nuage qu'on voyait encore dans l'ouest était infiniment plus fort que dans la journée, on doit conclure que ce qui avait passé n'était qu'une faible avant-garde. »

C'est sur les bords du Sénégal qu'on trouva aussi un fameux baobab de 104 pieds de circonférence. La hauteur de son tronc n'excédait pas 30 pieds; mais ses principales branches s'étendaient à plus de 50 pieds autour de l'arbre, et leurs extrémités retombaient jusqu'à terre. Le temps avait creusé dans le tronc une caverne de 20 pieds de diamètre, dont les nègres avaient façonné l'intérieur. Un autre baobab marquait par ses couches qu'il devait avoir au moins 4,000 ans.

Un autre arbre singulier, et qui offre aux nègres de grandes ressources, c'est le palmier, dont on connaît plusieurs espèces, comme le dattier et le cocotier. Les feuilles de ce dernier, larges d'un mètre et longues de 5 à 6 mètres, servent à faire des paniers, des nattes et des tapis. La sève, obtenue par incision, fermente rapidement et donne au bout de quelques heures une liqueur agréable, qui a la couleur et la consistance des vins d'Espagne. La pulpe du coco est une excellente nourriture; les coques servent à faire des vases de toutes sortes; et avec la filasse du brou on fabrique des cordages.

Les huttes des habitants sont de paille, mais plus ou moins

commodes, suivant l'industrie du possesseur. La forme en est ronde. Elles n'ont pour porte qu'un trou fort bas, comme la gueule d'un four, de sorte qu'ils ne peuvent y entrer qu'en rampant. Comme elles n'ont pas d'autre ouverture pour recevoir la lumière, et que le feu qu'on y entretient répand une épaisse fumée, il n'y a au monde que des nègres qui puissent les habiter, surtout à cause de la chaleur, qui vient également de la voûte et d'un fond de sable brûlé qui en fait le plancher.

Bruce, célèbre voyageur écossais, fut témoin, dans un village de Foulahs, d'une cérémonie funèbre qui l'étonna beaucoup. Un des principaux habitants du village mourut subitement, et sa femme n'eut pas plus tôt mis la tête à sa porte pour donner avis de sa perte par un cri, qu'il s'éleva un tumulte surprenant dans toute l'habitation. On n'entendit de toutes parts que des gémissements. Les femmes accoururent en foule, et, sans savoir de quoi il était question, commencèrent à s'arracher les cheveux, comme si chacune eût perdu sa famille. Ensuite, lorsqu'elles eurent appris le nom du mort, elles se précipitèrent vers sa maison avec des hurlements qui n'auraient pas permis d'entendre le tonnerre. Pendant ce temps, on mit le mort sur son lit avec ses armes, tandis que les enfants et la mère tuaient ses bœufs et vendaient ses marchandises pour de l'eau-de-vie; car, dans cette occasion, c'est l'usage de faire un *folgar*, une fête, après l'enterrement : usage infâme qu'on retrouve dans quelques cantons de France.

Les établissements européens sur le Sénégal ont quelquefois pris le nom d'Afrique française, soit parce que les Français sont les premiers qui l'aient connu, soit parce que la France a, depuis 500 ans, des possessions sur cette côte. Les Portugais se font honneur des premières découvertes en Afrique; mais, longtemps avant eux, dès l'an 1364, les Normands avaient découvert la Guinée; et, avant la fin du XIVe siècle, la baie de *Sierra-Leone*, *Rufisque*, près Gorée, et *Toubahé* avaient des comptoirs qui portaient les noms de petit Dieppe et petit Paris.

Cette contrée prend son nom du grand fleuve qui y coule.

C'est proprement la partie de l'Afrique arrosée par les fleuves Sénégal et Gambie.

A cinq lieues de l'embouchure du Sénégal, on trouve l'île Saint-Louis, chef-lieu des établissements français. On y voit quelques jardins assez beaux dans la saison des pluies ; mais, en général, son sol bas, plat et aride, n'est pas propre à la culture. Cette île sépare le fleuve en deux bras. Son aspect du côté de la mer est très-agréable, et annonce une végétation et une culture soignées. En approchant de l'île, on reconnaît que c'est une illusion causée par la proximité des bois qui bordent la rive gauche du fleuve, et qui, dans la perspective, se confondent avec le sol de l'île et semblent lui appartenir.

Le climat de ce pays, généralement malsain, est beaucoup moins redoutable depuis décembre jusqu'en mai, époque où les eaux du fleuve sont basses. Le reste de l'année, les débordements du fleuve causent des maladies. Le Sénégal est navigable depuis son embouchure jusqu'à la cataracte de Félow, à plus de 200 lieues, dans le pays de Galam. Cette cataracte barre le fleuve dans toute sa largeur, et occasionne une chute de 80 pieds de hauteur, dont le bruit, augmenté dans la saison des pluies par la violence et l'affluence des eaux, se fait entendre à une distance de 10 lieues.

L'Europe doit aux Hollandais la connaissance de la gomme du Sénégal, qu'ils y apportèrent dans le commencement du XVIe siècle. Jusque-là on ne connaissait que celle d'Arabie, apportée de l'Egypte par Marseille ; mais ce sont les Français qui, au milieu du dernier siècle, étant devenus maîtres d'Arguin et de Portendick, connurent bientôt les forêts de gommiers situées dans les parties méridionales du Sahara ou grand désert. Chez les Maures voisins du Sénégal, le transport de cette denrée devenait facile par le fleuve, et les essais qu'on fit de cette matière prouvèrent qu'elle pouvait au moins soutenir la concurrence avec la gomme d'Arabie. Enfin, des négociants de Bordeaux et de Nantes en apportèrent, qui fut jugée supérieure à toutes celles de l'Orient et à celle de l'Arabie. Depuis plus de cent ans elle est la plus recherchée dans les arts, et c'est à elle qu'on doit attribuer la prospérité de nos fabriques de soieries et de toiles peintes qui se sont multipliées, et qui employaient tant de bras vers la fin de la monarchie française.

Le mil et le riz sont la principale nourriture du pays. Les habitants en forment ce qu'ils appellent le *sanglé* et le *couscous*. Le premier est la farine de mil délayée et cuite dans l'eau, avec le fruit du tamarinier blanc, appelé *pain de singe*; le second est cuit à la vapeur du bouillon de viande ou de poisson.

Les mœurs des habitants sont aujourd'hui trop européennes pour que nous ayons à nous étendre sur cet objet. Ce serait prendre une très-fausse opinion de celle des nègres que d'en juger par la conduite de ceux qui sont à l'île Saint-Louis; ils sont en général mahométans; tous les blancs sont chrétiens.

FIN.

TABLE.

PAGES

I. — Aspect, Climat et Productions de l'Algérie. . . . .

II. — Origine des divers Peuples de l'Algérie. — Mœurs des Bédouins et des Kabyles. 17

III. — Histoire de la domination turque en Algérie. 37

IV. — Prise d'Alger. 43

V. — Expédition de Médéah. — Passage du col de Mouzaïa. . . . 57

VI. — Commandement du général Berthezène et du duc de Rovigo. 65

VII. — Abd-el-Kader. 73

VIII. — Prise de Bougie. — Expédition contre les Garabas. — Premier Traité conclu avec Abd-el-Kader. — Résultat de ce Traité. — Affaire de la Macta. 85

IX. — Affaire du Sig. — Le Méchouar de Tlemcen. — Le général Bugeaud. — Bataille de la Sikkah. 92

X. — Première expédition contre Constantine. — Succès d'Abd-el-Kader. — Second Traité conclu entre les Français et l'émir. — Entrevue du général Bugeaud et d'Abd-el-Kader. 101

XI. — Prise de Constantine. — Les Sœurs de Charité. — Clémence d'Abd-el-Kader. — Expédition des Bibans. — Insurrection générale. — Défense de Mazagran. — Victoire de la Mouzaïa. . . . 112

PAGES

XII. — Succès des Français. — Combat du 3 Mai. — Expédition de Tékédempt. — Affaire de l'Oued-Faddah. — Campagne de 1843. — Prise de la Smalah d'Abd-el-Kader. 123

XIII. — Mort de Sidi-Embareck. — Visite au camp d'Abd-el-Kader. 133

XIV. — Première expédition dans la Kabylie. — Victoire d'Ouarez-Eddin. — Guerre avec le Maroc. — Bombardement de Tanger. — Bataille d'Isly. — Attaque de Mogador. — Les grottes d'El-Kantara. — Le marabout de Sidi-Brahim. — Désastre de Sétif. 146

XV. — Sidi-el-Fadel. — Massacre des Prisonniers français. — Soumission de Bou-Maza. — Désastre des Béni-Amers et des Hachems. — L'émir et les Marocains. — Reddition d'Abd-el-Kader. . . . 156

XVI. — Troubles en Kabylie. — Siége de Zaatcha. — Prise de Narah. — Fin de la captivité d'Abd-el-Kader. — Ses Serments. . 172

XVII. — Colonisation de l'Algérie. 182

XVIII. — Les Kroumirs. — Expédition en Tunisie. — Insurrection en Algérie. 189

L'AFRIQUE.

I. — Coup d'œil général. 205

II. — La Barbarie. 212

III. — Le Sahara et la Nigritie. 215

IV. — La Sénégambie. 218

FIN DE LA TABLE.

Rouen. — Imp. MÉGARD et Cᵒ, rue Saint-Hilaire, 136.